*

Wenn der Kopf leer ist vom Denken
und das Herz voller Liebe,
diktiert das Herz dem Kopf Worte der Güte und Weisheit.

*

*

Jeden Morgen danke ich dem Leben,
nicht für die tausend Wunder und Geschenke,
sondern für die Möglichkeiten,
das Leben der anderen zu bereichern.

*

*

Es ist Zeit, sich auf die Abenteuerreise
des Bewusstseins zu begeben.
Lass alles hinter dir, was dich aufhält:
Trägheit, Gewohnheiten, Zweifel, Gedanken,
Meinungen, Ängste.
Reiß alle Mauern ein, wirf alle Masken und Schutzschilde fort.
Die Nacht und der Schlaf sind vorüber.
Du wurdest mit riesigen Flügeln geboren,
erhebe dich jetzt,
du hast alle Macht der Welt in dir.
Das Schaf wird jetzt zum Löwen,
Trauer zu unbändiger Willenskraft.
Das Feuer der Seele wird jetzt alles erleuchten.

*

▲

SIEBEN ERKENNTNISSE

1.
Lesen heißt, die Gedanken eines anderen, mit der eigenen Stimme hören.

2.
Jeder versteht die Worte und Schriften entsprechend seiner Stufe.

3.
Jeder, der etwas kritisiert, tut dies immer entsprechend seiner eigenen begrenzten Sichtweise.

4.
Jeder Richter kann nur über das richten, was er sieht.

5.
Der Weise liest mit dem Herzen nicht mit dem Kopf.

6.
Nicht jeder kennt die Unwissenheit der Klugen.

7.
Im Rosengarten fühlt sich der Mistkäfer unbehaglich.

*

*

Du
selbst
bist das Licht,
das jede Finsternis erleuchtet.

Dein Leben wird jetzt mehr und mehr an Tiefe gewinnen,
dein Herz wird an Schönheit zunehmen und du wirst strahlen
wie 1000 Sonnen.
Deine Worte werden reich an süß duftender Weisheit sein und du wirst
andere allein schon durch dein Dasein inspirieren. Sie werden die Wahrheit
schmecken und der liebliche Duft der Erkenntnis wird sie in den siebenten
Himmel tragen. Deine Verwandlung wird die Verwandlung der Welt bewir-
ken. Du wirst alle Masken, Urteile, Ängste und Schleier zerschmettern und
die Seligkeit der Nacktheit wird dich erfüllen. Du wirst viele neue Namen
tragen. Herzensgüte, höchster Frieden, Liebesfülle, Dankbarkeit
und Demut werden die Mächtigsten unter ihnen sein.
Du wurdest geboren, um vor lauter Dankbarkeit und Liebe überzufließen.
Du wurdest geboren, um die Liebe und Güte, die dein Herz erfüllt,
an alle zu verschenken, selbstlos wie die süße Rose ihren Duft.
Du bist ein Segen für dich selbst und andere.
Den heiligsten Ort in diesem ganzen Universum findest du im Tempel
deines Herzens. Du bist gesegnet. Du bist ein Segen.
Du bist ein Geschenk für die Welt.

*

Meine Geschichte

Meine Geschichte ist sehr kurz und wiederum Jahrtausende alt.
Es ist die Geschichte eines jeden Menschen. Der Stein, das Samenkorn
bricht plötzlich auf. Durch günstige und schmerzliche Umstände verliert
es seine alte Form und es erwächst daraus etwas Neues,
Wunderschönes, dem Licht entgegen.

Ich war enttäuscht und satt von den vergänglichen Vergnügungen
dieser Welt. Nichts, nichts konnte mich erfüllen, nichts meinen Durst
stillen, nichts meine Leere und Trauer vertreiben. Ich war erfüllt vom
Leid der ganzen Welt. Ich fragte immer wieder:
„Wozu das Ganze, warum bin ich am Leben?".
Lange Zeit nichts. Dann eines Tages: Ein Schrei entsprang meinem
Herzen, so laut, dass er über die Grenzen dieser Welt hinaus gelangte.
Etwas Neues erwachte in den tiefsten Tiefen meiner selbst und erfüllte
die gesamte Finsternis mit Licht. Ich ward neu geboren.
Ich verließ die alte Welt mit all ihren
Schleiern der Unwissenheit und betrat eine neue.

*

Spiel das Größte aller Spiele,
kämpfe den einzigen Kampf, den es sich lohnt zu kämpfen,
löse das Größte aller Rätsel,
setze alles aufs Spiel, um alles zu gewinnen.

*

▲

VIER ERKENNTNISSE

*

Die Dornen der Rose sind Stufen zur Blüte.

*

*Die Geschichte des Erwachens beginnt mit Leid
und endet in höchster Seligkeit.*

*

*Fürchte nicht, etwas zu verlieren auf dem Pfad.
Alles, was du verlieren wirst,
sind Eigenschaften, die dich vom Glück fern halten.*

*

*Wir opfern das Niedere, um das Höhere zu sein,
das Alte, um das Neue zu sein.
Wir opfern - wie der Vogel - die Welt in der Eierschale,
um im weiten Himmel zu leben.*

*

▲

EINE GROßE ERKENNTNIS

Warum?

Ich weiß, dass du das Gefühl kennst, das man manchmal hat.
Dieses Gefühl das traurig und enttäuscht vom Leben sagt: „Wozu das
Ganze? Was ist der Sinn meines Lebens? Warum lebe ich? Was ist meine
Aufgabe? Warum die Kriege? Warum das Leid? Warum all diese Krank-
heiten? Warum die Zerstörung? Warum der Tod? Warum dieser Hass?
Warum diese Leere? Warum diese Dunkelheit? Du fühlst dich, als hättest
du nie wirklich gelebt, als zöge das Leben an dir vorüber, als befändest
du dich in einem Traum, als würdest du schlafen und das Wichtigste
verpassen. Und die klare Wahrnehmung ist da, dass etwas nicht stimmt,
dass irgendetwas fehlt, irgendetwas sehr Wichtiges fehlt.
Aber was? Was fehlt?
Es ist: Be-wusst-sein. Bewusstsein.

Ich möchte, dass du dich an etwas erinnerst,
an etwas, das du bereits weißt.
Du weißt es bereits: Das, was du suchst, das wonach du dich aus tiefs-
tem Herzen sehnst, ist in dir. Das was du suchst ist in dir. Alle Antworten
sind bereits in dir. Das Licht des Bewusstseins ist in dir. Frieden ist in
dir. Güte ist in dir. Vertrauen ist in dir. Liebe ist in dir, Liebe, die an kein
Gesicht und kein Ding gebunden ist. Die Quelle höchster Seligkeit ist in
dir. Das Göttliche ist in dir. Der Reichtum der gesamten Schöpfung ist in
dir. Eine Sonne, die zu strahlen wünscht, ist in dir, eine Sonne, die all die
Dunkelheit erleuchtet. Und Dankbarkeit ist in dir, süße Tränen vergie-
ßende Dankbarkeit. Ein großes Herz voller Dankbarkeit ist in dir. Du
wurdest geboren, um erfüllt zu sein. Du wurdest geboren, um vor lauter
Liebe überzufließen. Du wurdest geboren, um zu leuchten
wie die Sterne der Nacht und die Sonne am Himmel.

*

Kehre zurück ins Meer der Glückseligkeit;
nichts anderes ist für dich bestimmt.
Verlasse diese Welt der Täuschung.
Komm zurück zu mir,
meiner Güte und Gnade.
Verwandle dich in den Frieden selbst.
Sei liebende Einheit und freudige Wandlung.

*

*

Leuchtende Gnade bist du.
Liebe bist du.
Frieden bist du.
Freude bist du.
Dankbarkeit und Demut bist du.
Großzügigkeit bist du.
Höchste Seligkeit bist du.
Licht bist du.
Hingabe bist du.
Freiheit bist du.
Anmut und Würde bist du.
Stärke, Mut und Vertrauen bist du.
Sicherheit bist du.
Göttlich schön bist du.
Strahlende Wärme und Güte bist du.
Mein Ich bist du. Und was bin Ich?
Dein Spiegel.

*

*

Das Geschenk

Du hast ein Geschenk erhalten, das wertvollste Geschenk, das es gibt. Da ist nichts in dieser Welt, das wertvoller wäre als dies. Du atmest, du atmest, du bist am Leben. Das ist das Wichtigste, das ist das Geschenk. Darum genieße diesen Atem, der jeden Moment kommt und dich segnet und mit Leben erfüllt. Genieße dein Leben, genieße deine Lebendigkeit, jeden Tag, jede Stunde, jeden Moment. Das Leben ist da, die Liebe ist da, der Atem ist da, der Frieden ist da, Schönheit ist da und Dankbarkeit ist da.
Nichts fehlt, nichts fehlt, nichts fehlt.
Nichts hat je gefehlt und nichts wird je fehlen. Alles, was du suchst, ist in dir. Und was will man mehr, außer all das zu teilen? Das Glück zu teilen, die Liebe zu teilen, die Freude zu teilen, die Güte zu teilen. Erinnere dich daran jeden Tag, jeden Morgen, jeden Moment. Du hast das Geschenk des Lebens erhalten, du bist erfüllt vom Leben. Erinnere dich an diesen Moment. Erinnere dich an die süße Liebe im Herzen. Erinnere dich an diesen großen und tiefen Frieden. Erinnere dich - du bist gesegnet mit Bewusstsein. Erinnere dich - die Liebe ist da, das Leben ist da, in dir.

*

*

Schließe die Augen.
Atme.
Genieße deinen Atem.
Verliebe dich in dein Dasein.
Liebe erfüllt dich von Kopf bis Fuß.
Jetztverweile in dieser Stille.

*

*

Jeder Atemzug
ist
erfüllt von Leben.
Jeder Atemzug
ist
erfüllt von Liebe.
Jeder Atemzug
ist
erfüllt von Seligkeit.
Jeder Atemzug
ist
erfüllt von unbändiger Kraft.
Jeder Atemzug
ist
erfüllt von Leben.
Jeder Atemzug
ist
erfüllt von Dankbarkeit.

*

Mein Dasein
so schön wie der süße Atem des Lebens
so schön wie der warme Kuss der Sonne
so schön wie die Umarmung des Geliebten
so schön
so schön
so schön, wie die Tränen der Dankbarkeit.

*

„Das Universum liebt dich und hilft dir!"

Als Reaktion auf dieses Zitat, bekam ich neben all dem Positiven auch oft zu hören: Das stimmt doch gar nicht. Das Paradoxe daran ist: Sie haben damit absolut Recht, wenn sie sagen, dass das nicht wahr ist und ich habe ebenfalls Recht. Jeder bekommt, was er glaubt. Jeder sieht, was er glaubt. Jeder ist, was er glaubt. Glaube ich, dass das Universum mir hilft, dann wird genau das zu meiner Realität; wenn ich jedoch glaube, dass ich alleine bin und niemand mir hilft, dann wird auch das zu meiner Wirklichkeit. Jedem geschieht nach seinem Glauben, so steht es bereits in der Bibel. Nur wenige haben diese tiefe Wahrheit in ihrer Gänze erfahren. Einer glaubte felsenfest, dass er alles erreichen kann und er erreichte, was er sich vornahm. Ein anderer glaubte, dass er zu nichts nütze sei und auch dies bewahrheitete sich für ihn.

Auch besagt das Zitat nicht, dass die Hilfe und Liebe mir in Form der Erfüllung meiner Wünsche und Erwartungen zuteil wird. Zuweilen kommt die Hilfe eben in Form einer bitteren Medizin. Die Natur verfolgt ihr eigenes Ziel, das wir Evolution oder Entwicklung nennen können. Wenn also der Stein sein Gold nicht durch das angenehme Verfahren preisgeben will, so wird das Feuer notwendig. So ist oft die bitterste Medizin die Wirksamste, um uns von unseren Torheiten zu heilen, uns in reines Gold zu verwandeln und uns zu zeigen, wer und was wir wirklich sind. Werden wir wacher, feiner und williger, uns und unsere Gedanken und Überzeugungen zu verändern, so werden auch die Mittel der Natur feiner und sanfter. Die Hilfe und Liebe ist immer da, sie ist allgegenwärtig, davon bin ich überzeugt. Alle Himmel und Höllen, die ich innerlich durchwandere, helfen mir, mich selbst zu erkennen. Es sind die Mittel der Natur, der stetigen Umwandlung und Entwicklung, genannt Evolution. Die Frage ist nun: Bin ich in der Lage, meinen Glauben und meine Überzeugungen zu erkennen und zu verändern?

▲

DREI ERKENNTNISSE

*

Das Negative zu denken, heißt es zu ermöglichen.
Denke positiv und ermögliche das Positive.

*

Die Evolution des Menschen ist nicht abgeschlossen.
All die Leiden treiben uns voran, bis wir unser neues höheres Ich zu verwirk-
lichen wünschen.

*

Ich kann mich in alles hineinsteigern.
Sogar ins Positive.
Und das macht auch mehr Spaß.

*

Vertreibe aus deinem Geist alle bösen, negativen und unheilsamen
Gedanken. Weise sie immer, wenn sie eintreten wollen, fort. Tue dies mit
Geduld immer und immer wieder und sie werden fern bleiben. Kultiviere
und pflege deine positiven Gedanken, als wären es junge Pflanzen.
Jeder Gedanke ist wie ein Magnet. Positive Gedanken ziehen positive
Ereignisse in dein Leben, negative Gedanken ziehen negative Ereignisse
an. Auch wenn etwas scheinbar Negatives passiert, sage zu dir selbst:
Wer weiß, wozu das gut ist.

▲

DIE ZWEITE GROßE ERKENNTNIS

Geist und Vision

Alles, was wir sehen, das vom Menschen gemacht ist, entsprang einst dem Geist. Das Haus, der Krieg, das Flugzeug - all das war am Anfang nur eine Idee, ein Gedanke, eine Vision in einem Kopf. Selbst dieses Buch, das du jetzt in deiner Hand hältst, war lange Zeit nur in meinem Kopf. Hier fängt alles an und hier können wir auch eingreifen, wenn wir es wollen. Darum halte ich es für absolut notwendig, zum Herrn zu werden - zum Herrn meiner eigenen Gedanken, meiner Absichten, meiner Gefühle, meiner Worte und Taten. Die Korrektur der Welt findet tatsächlich im Inneren des Menschen statt.

*

Stell dir die Dinge vor, die passieren sollen;
Nicht die Dinge, die nicht passieren sollen.
Die Bilder und Gedanken im Kopf sind wie Magneten.

*

Alles wird sich ergeben und fügen
zur Verwirklichung deiner Träume.

*

Lass die Freude und das Glück nicht am Ende stehen,
wenn alles gewonnen ist.
Lass dich Schritt für Schritt vom Glück begleiten.

Praktische Übung:

Stell dir jeden Morgen, bevor du aufstehst die Dinge vor, die du tun oder erleben möchtest. Die Person, die du sein möchtest. Stell dir vor – male dir aus, was passieren soll bzw. passieren wird – was du fühlen und erleben wirst. Wer oder was du bist. Alles, was du dir ausmalen kannst, kannst du auch verwirklichen. So wie ein Architekt sich ein Gebäude ausdenkt, stell dir dein Ziel vor. Stell dir dein perfektes Leben vor. Trau dich zu träumen, alles ist möglich. Ohne ein Bild, ohne ein Ziel, wird sich der Pfeil der Verwirklichung in hundert Richtungen und tausend Bildern verlieren. Wie könnte etwas Wirklichkeit werden, das dir selbst nicht klar ist? Dein Gehirn und dein Unterbewusstsein werden Lösungen und Wege finden. Das Universum wird dir helfen. Ebenso wie bei dem Traum vom Fliegen und dem Flugzeug die Mehrheit sagte: „Das ist unmöglich." so halte an deinen Zielen fest, halte an deiner Vision fest, arbeite dafür, zahle den Preis der Anstrengung und der Niederlagen. Gib nicht auf und es wird Wirklichkeit. Dieses Buch ist auf genau diese Weise entstanden. Der Weg entsteht, wenn du beginnst, auf ein Ziel zuzugehen.

▲

DIE DRITTE GROßE ERKENNTNIS

Wer hilft, dem wird geholfen.

Wenn ich im Bewusstsein lebe, das sagt: Gib mir, ich brauche, ich wünsche, gib mir, gib mir, niemand hilft mir, ich bekomme und habe nicht genug; dann wird das Universum, dieses Spiegelkabinett, auf gleiche Weise reagieren. Schon im Talmud steht: „Dem Armen läuft die Armut nach, dem Reichen der Reichtum. Dem Hasserfüllten läuft der Hass nach, dem Liebenden kommt die Liebe entgegen." Das ist eine Gesetzmäßigkeit wie die Schwerkraft, weder gut noch schlecht. Das was du bist, was du glaubst zu sein, was du ausstrahlst und wovon du überzeugt bist, ziehst du auch an. Die Lösung ist einfach: Verändere ich mich, verändert sich auch mein Leben. Mit Vergnügen lebe ich also im Bewusstsein eines Wohlhabenden und Liebenden. Ich denke, spreche und handle wie er. Ich verkörpere Güte, Großzügigkeit und Liebe wie er.

Sind meine Absichten wahrhaftig dienender Natur und nicht insgeheim egozentrisch, tritt mir die Welt in diesem Fall ebenfalls auf gleiche Weise gegenüber. Wer hilft, dem wird geholfen. Die Absicht ist jedoch entscheidend. All die Heiligen der Vergangenheit haben diese höchste Meisterschaft erreicht und die reine selbstlose Absicht verwirklicht. Sie worden zur Sonne, zur Quelle, zum reinen geben. Das war und ist ihre wahre Wonne. Der persische Poet Sanai schrieb: „Großzügigkeit ist die Eigenschaft der Bewohner des Paradieses." Dieser Satz birgt sehr viel Tiefe, denke darüber nach!

▲

FÜNF ERKENNTNISSE

*

Einzig das Gefäß des Gebens,
vermag ewig zu empfangen.

*

Wenn du anfängst, wahrhaftig für die Welt zu arbeiten,
wird die Welt auch anfangen für dich zu arbeiten.
Solange du nur für dein eigenes Wohl arbeitest,
wird die Welt es dir gleichtun.

*

Schiebt einer sein Auto an, hilfst du ihm.
Sitzt er nur faul darin, gehst du weiter.
Niemand hilft gerne einem Faulpelz.
Wir helfen jedoch gerne Menschen,
die sich bereits anstrengen, um etwas zu erreichen.

*

*

Die Mutter vergisst,
wenn sie das Verlangen ihres Kindes wahrnimmt,
ihr eigenes Verlangen. Genau wie der Heilige,
dessen Kind die ganze Menschheit ist.
Bedenke: Das Herz schlägt und arbeitet nicht für sich allein,
es schlägt und arbeitet unermüdlich im friedlichen Rhythmus des Lebens,
für den gesamten Körper, und darin liegt seine Erfüllung und Sicherheit.
Würde es nur noch für sich alleine schlagen, würde der ganze Körper
sterben und somit auch das Herz selbst.

*

Die Menschheit ist ein einziger Körper. Jemandem schaden heißt: sich
selbst schaden. Jemandem helfen heißt: sich selbst zu helfen.
Jeden zu lieben heißt: sich selbst zu lieben.

*

▲

DIE VIERTE GROßE ERKENNTNIS

Die Absicht

Das Ergebnis jeder Handlung,
wird von der zugrundeliegenden Absicht bestimmt.
Das Paradoxe daran ist jedoch, dass wir uns nicht bewusst darüber sind,
was wir beabsichtigen.
Kenne also dein Ziel. Wisse, welches Ergebnis du beabsichtigst - immer!

*

Das spirituelle Leben beinhaltet:
Die unterbewussten Überzeugungen, die Gewohnheiten des Denkens
und die Gewohnheiten der eigenen Absichten zu erkennen
und zu verändern.

*

Die eigene Entwicklung und die der Mitmenschen zu fördern, ist Weisheit.
In einer Haltung, einer Absicht, einer bedingungslos liebenden
entwicklungsfördernden, wohlwollenden Ausrichtung in Gedanken,
Worten und Taten zu leben, ist Weisheit.

*

*

*Wie kann jemand, der nicht Herr seiner Verlangen, Überzeugungen,
Absichten, Gefühle, Gedanken, Worte und Taten ist,
je eine freie Wahl haben?*

*

*So wie der Urlauber in Irland sich ständig selbst an die neuen Gesetzmäßig-
keiten - des auf der anderen Seite Fahrens - erinnern muss,
so muss sich der Mensch, der die spirituelle Welt betreten hat,
auch ständig wach halten und sich erinnern.
Die jahrzehntelang eingeübten Gewohnheiten des Denkens,
Handelns und der Absichten zu wandeln, braucht Geduld.*

*

*Ich bin der Herr meines Lebens. Ich bin der König meiner Gefühle,
Absichten, Gedanken und Taten. Ich bin der Herr meines Schicksals
Ich bestimme meinen Glauben und meine Überzeugungen.*

*

*Auf die eigenen Absichten zu achten,
bringt ein höheres Bewusstsein in jede Handlung.*

*

▲

DIE FÜNFTE GROßE ERKENNTNIS

Gefühle

Du erzeugst deine Gefühle bewusst oder unbewusst
durch deine Gedanken.
Wiederholst du zweihundert Mal hintereinander die Worte:
„Ich bin so glücklich, Liebe erfüllt mein Herz" wirst du fühlen, wie Liebe
dein Herz erfüllt und wie glücklich du bist. Probiere es aus, glaube mir
nichts. Wiederholst du hingegen zweihundert Mal nacheinander die
Worte: „Ich bin so müde und einsam", werden eben diese beiden Gefühle in dir wachsen. Ergründe und verstehe deine Gefühle. Beobachte sie
und lerne. Welcher Gedanke liegt welchem Gefühl zu Grunde, frage dich
selbst: Was denke oder glaube ich, dass dieses Gefühl füttert?

Du kannst deinen Gefühlszustand durch drei Werkzeuge verändern,
durch deine Worte, wie bereits beschrieben, durch deine Körperhaltung
(vom Trauerkloß zum Helden) und durch die Veränderung deines Fokus.
Denn das, worauf du dich konzentrierst, ziehst du an oder vergrößerst
du. Wendest du deinen Fokus von etwas ab, auch gedanklich, schwindet
es. Wenn ich zum Beispiel müde bin, rufe ich einige mal laut aus: Ich bin
voller Kraft und Energie. Auch ändere ich natürlich meine Körperhaltung
entsprechend und mein Fokus liegt auf meinem Energie spendenden
Atem. Das funktioniert hervorragend. Du bist der Herr deiner Zustände -
vergiss das nie.

Gefühle wie Wut oder Trauer, die wir herunterschlucken oder unterdrü-
cken, können Krankheiten verursachen. Wenn du weinen musst, dann
weine. Weinen ist, als würdest du deinen schweren Rucksack, den du auf

dem Rücken trägst, ausschütten. Weinen befreit und erleichtert. Weine soviel du kannst, befreie dich so sehr du kannst, deine Tränen werden alles fortwaschen. Als ich selbst aus meinem Tiefschlaf erwachte und sich meine Augen öffneten, weinte ich. Ich weinte sehr viel, sehr sehr viel. Ich weinte wie nie zuvor. Die Tränen wurden süß und süßer und Dankbarkeit ließ sich in meinem Herzen nieder. Ich gewann ein weites befreites mutiges Herz.

Du wirst nach dieser Lektüre auch bemerken, das du wesentlich weniger wütend, traurig oder ärgerlich bist, weil du erkannt hast, dass deine Gefühle durch deine Gedanken erzeugt werden, aber auch, weil du weißt, dass die Handlungen der Menschen zum größten Teil unbewusst ablaufen und von Erfahrungen der Vergangenheit geprägt sind. Wenn sich also zwei Menschen begegnen, treffen sich all die unterbewusst abgespeicherten Glaubenssätze und Handlungsmuster. Es treffen sich zwei Lebensgeschichten, die wiederum geprägt wurden durch die Erfahrungen der Eltern und Großeltern. Sind wir also verärgert, ist es, als wären wir wütend auf einen Computer und seine automatisch ablaufenden Programme. Es ist reine Energieverschwendung. Je mehr wir uns selbst verstehen, uns selbst erkennen, unsere Absichten unsere Gedanken und unsere Verhaltensmuster, desto mehr können wir auch unser Gegenüber verstehen. Ich schaue nicht mehr so sehr auf die äußeren Handlungen der Menschen, sondern auf die dahinterliegenden Absichten. Ich sehe nicht mehr das Puppentheater, ich sehe den Puppenspieler.

▲

FÜNF ERKENNTNISSE

*

Ich kann nur lernen mit negativen Gefühlen wie Angst, Zorn, Hass, Trauer,
usw. umzugehen, wenn sie da sind. Ich kann also ohne Angst keinen Mut
erlernen und ohne Hass nicht die höchste Liebe.
Das ist paradox; ja. Aus diesem Grund sind diese Gefühle sehr gut.
Sie helfen uns, so wie eine Krankheit unserer Gesundheit dienlich ist.

*

Sei niemandem böse, sei niemandem böse.
Wir alle sind nur die Puppen des Puppenspielers.
Wir sehen und kennen IHN nicht.
Eines glücklichen Tages werden wir befreit sein
von den Ursachen der Torheit.
Wir erkennen uns selbst und verlassen diese Welt der Täuschung.

*

Gefühle sind übertragbar.
So, wie die zornige Aufregung eines anderen dich erfasst,
so erfasst die Liebe deiner Seele auch das Herz eines anderen.

*

*

Ich selbst bin die Fabrik meiner Gefühle.
Meine Gedanken: die Arbeiter.
Ich: der Chef.

*

Alles was wir tun, tun wir für die Empfindungen, für das Gefühl.
Wir sind alle auf der Jagt nach positiven Gefühlen und
auf der Flucht vor den negativen.
Es geht immer um eine Empfindung.

*

▲

SECHSTE GROßE ERKENNTNIS

Das Unterbewusstsein

Wir wissen, dass unser Unterbewusstsein ca. 95 Prozent unseres Lebens bestimmt. Wir handeln entsprechend erlernter Programme und Verhaltensmuster. Wir handeln entsprechend unseren Gewohnheiten. Beim Auto- oder beim Fahrradfahren, zum Beispiel, läuft sehr viel, im Grunde sogar der größte Teil, vollkommen automatisch ab. Auf diese Weise verlaufen auch jeder Tag und das gesamte Leben zum Großteil automatisch. So sind die Ergebnisse auf allen Ebenen unseres Lebens entsprechend automatisch und gleich.
Fast alles, ob positiv oder negativ, ist aus dem Unterbewusstsein heraus entstanden. Du ahnst jetzt vielleicht bereits, was das sogenannte vorgezeichnete Schicksal sein kann und was es bedeutet,
sein eigenes Schicksal in die Hand zu nehmen.

Wir stellen unserem Unterbewusstsein ständig Aufgaben, die es dann verwirklicht, meistens völlig unbewusst. Den Gedanken: „Ich schaffe das nicht." oder „Ich bin nicht gut genug." wird das Unterbewusstsein ebenso in die Tat oder Wirklichkeit bringen, wie den Gedanken: „Ich bin fähig und erfolgreich. Ich schaffe das mit Leichtigkeit." All das sind Befehle an dein Unterbewusstsein, das es in die Wirklichkeit trägt.
Du entscheidest, mit welchen Gedanken und Bildern du dein Unterbewusstsein programmierst. Alles beginnt im Kopf,
wie oben so auch unten, wie innen so auch außen.

An die Macht des Unterbewusstseins, die Macht von Worten, Gefühlen, Gedanken und Bildern dürfen wir uns immer und immer wieder erinnern. Nutze bewusst diese Kraft und Macht, die du selbst hast, um Veränderungen in deinem und dem Leben anderer zu bewirken.

Zwei Beispiele aus meinem Leben

„Das Leben beschenkt mich reich" diese Worte, diese Affirmation wiederholte ich einige Wochen lang jeden Morgen und jeden Abend voller Dankbarkeit. Allein dies zu praktizieren war eine Freude. Bereits nach kurzer Zeit begannen sehr bemerkenswerte Dinge in meinem Leben zu passieren. Ich erhielt ungeahnt eine Gehaltserhöhung, meine Mutter schenkte mir plötzlich 1000 Euro zum Geburtstag und auch meine Freunde und Bekannten zeigten ihre Großzügigkeit. Ein paar Jahre zuvor, als ich das erste Mal von der Macht des Unterbewusstseins, der Macht von Affirmationen und der Vorstellungskraft gelesen hatte, erzählte mir einer meiner damaligen Freunde folgendes:

„Ich wiederhole seit ein paar Wochen am Morgen und am Abend, unter anderem, immer folgende Worte: Ich bin ein wunderschöner junger Mann. Heute morgen also, auf meinem Weg zu Arbeit, kreuzten dann plötzlich zwei junge Frauen meinen Weg mit den Worten: Guten Morgen schöner junger Mann."

Ich war verblüfft und dachte nur bei mir: die Welt scheint tatsächlich eine Spiegelung unserer eigenen Überzeugungen zu sein Seither hatte ich nicht mehr den geringsten Zweifel an der Wirksamkeit dieser wundersamen Methode, um das Unterbewusstsein neu zu programmieren. Für mich war auf einen Schlag alles klar.

*

Ich werde zu dem, was ich glaube zu sein.
Mein Glaube ist mein Befehl an das Unterbewusstsein.
Was auch immer ich glaube, wird sich bewahrheiten.

*

▲

ZWEI WERKZEUGE: AFFIRMATION & VISUALISATION

Selbsthypnose und Unterbewusstsein

Hypnose funktioniert, weil wir in tiefer Trance oder in großer Ruhe und physischer Entspannung den Zugang zum Unterbewusstsein öffnen. Darum sind wir z.b. am Morgen und am Abend oder in der Meditation sehr empfänglich und unser Unterbewusstsein kann von uns oder von anderen beeinflusst werden. Beim Fernsehen ist es ein Leichtes, bestimmte Überzeugungen und Glaubenssätze in unser Unterbewusstsein zu pflanzen. Das ist auch ein Grund, warum ich diese Gewohnheit abgelegt habe.

Das Geniale also ist: Wir haben die Macht, unser Unterbewusstsein selbst und bewusst zu programmieren. Wir wählen bewusst aus, was wir denken und glauben, wer und was wir sind, und sogar, was wir fühlen. Anders ausgedrückt: Ich kann alte negative Bilder, Glaubensmuster und Überzeugungen, ja sogar Gefühle in positive zielgerichtete Gedanken, Gefühle und Bilder wandeln. Fasst alles, was ich mir vorstellen kann und zu fühlen vermag, kann ich auch Wirklichkeit werden lassen.
Sri Chinmoy prägte den folgenden Satz:

„Ich beginne, indem ich mir das unmöglich vorstelle und ende damit, dass ich das Unmögliche erreiche "

Und er hat tatsächlich unmögliche Dinge erreicht. Dieses Zitat bezieht sich auf die Vorstellung (Visualisation). Mohammed Ali prägte den zweiten Teil dieser Methode (Affirmation) mit folgenden Worten:

„Es ist die Wiederholung einer Affirmation, die zum Glauben führt.
Und wird dieser Glaube zu einer festen Überzeugung,
fangen Dinge an zu geschehen."

Das Unterbewusstsein umprogrammieren

Ich wiederhole jeden Morgen und jeden Abend meine Affirmationen und visualisiere diese Aussagen. Es ist sehr wichtig, dass wir uns dies zur Gewohnheit machen, denn die alten Glaubensmuster und Gedanken erbauen wir vielleicht schon seit unserer Geburt. Das Alte abzubauen und das Neue aufzubauen erfordert also einige Zeit, wie beim Abnehmen überflüssiger Pfunde. Enorm hilfreich ist es auch, sich die eigenen Affirmationen als Aufnahme während des Schlafes anzuhören.

Das Prinzip ist immer gleich einfach: Ich wiederhole eine Affirmation, einen neuen positiven Glaubenssatz und visualisiere dieses gleiche Bild.

Einfaches Beispiel:

Negativer Glaubenssatz: *Ich komme immer zu spät.*
Positiver Glaubenssatz: *Ich bin perfektes Timing.*

Dieses Buch ist voller Affirmationen, suche dir deine Affirmation aus, die dich berührt oder überlege dir selbst deine persönliche Affirmation und beginne hier und jetzt deine tägliche Praxis. Tust du nichts Neues, wird sich natürlich auch nichts verändern. Was wir nicht gleich in die Tat umsetzen, machen wir möglicherweise niemals. Beginne jetzt und hier. Alles wird sich verändern, du wirst dich verändern, dein Denken wird sich verändern, dein Leben wird sich verändern.

Je mehr Gefühl du in deine Affirmation, deinen sich wiederholenden Gedanken und die damit verbundenen Bilder legst, umso wirkungsvoller werden sie sein. Benutze z.B. Musik, die dich sehr berührt, als Hilfsmittel. Nur Regelmäßigkeit und Geduld bringen sichtbare Resultate. Bedenke, dass Jahrzehnte alte Überzeugungen und Glaubenssätze nicht durch einmaliges Praktizieren der genannten Methode zu tiefgreifenden Veränderungen führten. Fange jetzt, hier und heute damit an und höre nicht wieder auf. Wunder werden sich ereignen.

*

Das Leben ist voller Güte,
Geschenke und Wunder; überall.

*

Ich bin glücklich.
Güte erfüllt mein schönes Herz.
Liebe erfüllt mein schönes Herz.
Frieden erfüllt mein schönes Herz.
Dankbarkeit erfüllt mein schönes Herz.

*

Die Visionen meines Geistes erfüllen mein Herz mit Sehnsucht,
Kraft und Tatendrang.
Ich kenne mein Ziel und ich weiß und fühle deutlich,
wie schön es ist, dort zu sein.

*

*

*Ich weiß und sehe, dass sich die Dinge vollkommen positiv entwickeln.
Ich bin dankbar-glücklich, weil ich weiß, dass sich alles auf unerwartet
leichte, spielerische Art löst, ergibt und entwickelt.*

*

*Ich bin jetzt und immer vollkommen bereit,
über meine Grenzen hinaus zu gehen.
Ich bin stark und ich bin mutig. Ich bin allem gewachsen.
Das Leben ist einfach.*

*

*So schön es auch sein mag,
es wird immer noch schöner.*

*

Die da oben

Ein Mitarbeiter, mit dem ich viel Zeit verbrachte und der nahezu immer pleite war, erzählte oft Dinge wie: Die da oben betrügen uns, sie geben uns nicht, was uns zusteht, wir erhalten nicht was wir verdienen, wir bekommen immer zu wenig. Er erzählte mir eines Tages auch, dass er in seiner Kindheit am Esstisch immer in der Situation war, zu wenig zu bekommen. Die anderen größeren und älteren Familienmitglieder stürzten sich wie wilde Tiere auf das Essen, während er, der Kleinste, gerade so viel bekam, was übrig blieb. Ich verstand plötzlich, dass durch diese prägende persönliche Erfahrung in der Kindheit der Glaube in ihm erwuchs: Die Großen, die da oben, die Andern, nehmen mir weg, was mir zusteht. Die Überzeugung: Ich bekomme immer zu wenig oder die Andern, nehmen mir weg, was mir zusteht, verhärtete sich in ihm. Ich erzählte ihm also von der Macht des Unterbewusstseins und er erkannte selbst seine Misere. Er stellte sich von nun an jeden Morgen und jeden Abend folgendes Bild mit der Affirmation vor:

Ich bekomme mehr als genug. Ich lebe in einer unendlich großzügigen Welt. Die Großzügigkeit des Lebens übertrifft meine kühnsten Vorstellungen. Das Leben beschenkt mich reich. Dankbarkeit erfüllt mein Herz.

Nicht nur seine Aussagen, sondern auch sein Leben veränderte sich in eine Richtung, die ich selbst nicht für möglich gehalten hatte. Er verdiente plötzlich mehr als ich selbst und wurde zu einem wohlhabenden glücklichen Mann. Einmal mehr überzeugte mich das Unterbewusstsein von seiner Macht und Kraft und ich entschied mich, dieses wundersame Werkzeug der Affirmation und Visualisation selbst auch wieder bewusst zu nutzen.

*

*Alles ist möglich, nichts steht mir im Weg,
außer meine eigenen Gedanken.*

*

▲

SIEBENTE GROßE ERKENNTNIS

Selbstbewusstsein

1.

Selbstbewusstsein entsteht durch die vielen kleinen Siege über sich selbst. Überwinde immer wieder deinen inneren Schweinehund, deine Angst und deine Trägheit. Verlasse immer und immer wieder deine Komfortzone. Mache daraus ein Spiel.
Suche und erkenne deine Grenzen und gehe darüber hinaus.
Das wird dich selbstsicher, stark und mutig machen. Mein praktischer Geheimtipp an dich: Dusche jeden Morgen direkt nach dem Aufstehen kalt und sprich täglich 2-3 fremde Menschen an.
Das allein wird schon bemerkenswerte Veränderungen bewirken.

2.

Halte die Verabredungen mit dir selbst immer ein, so wächst dein Selbstvertrauen. Du weißt, du kannst auf dich zählen. Kommt deine Verabredung nicht, bist du enttäuscht von dieser Person. Genauso enttäuscht bist du auch, wenn du die Verabredungen mit dir selbst nicht einhältst. Dadurch sinkt dieser negative Glaube über dich selbst in dein Unterbewusstsein und erschafft eben gerade diese Wirklichkeit. Schreibe dir jeden Tag auf, was du geschafft, verwirklicht oder überwunden hast. Diese positive Siegesliste wird dir viel Kraft und Inspiration geben, denn du siehst auf einen Blick, wozu du in der Lage warst und bist.

3.

Die Größe deines Selbstbewussteins hängt von den Gedanken und Glaubensätzen ab, mit denen du dein Unterbewusstsein fütterst oder programmierst. Wir sind, was wir von uns denken. Schreibe dir einmal auf, ohne lange zu überlegen, was du über dich selbst denkst.
Dann formuliere daraus bewusst positive Affirmationen. Das ist ein guter Ausgangspunkt, um negative Glaubensmuster zu erkennen und umzuprogrammieren. Stell dir auch jeden Morgen und jeden Abend vor, als wäre es Wirklichkeit, wie du voller Selbstbewusstsein lebst und handelst. Stell dir auch all die positiven Folgen vor, alles was du dank dessen tust oder erreicht hast. Als zweite praktische Übung wiederhole eine dazu passende Affirmation wie z.B.:

Ich bin ein wundervoller und wertvoller Mensch. Ich vertraue mir selbst und meinen Fähigkeiten. Ich bin voller Kraft, Mut und Selbstsicherheit. Ich bin so dankbar dafür, dass mir vollkommen egal ist, was andere über mich denken. Ich kenne meinen Wert.
Ich bin wunderbar, ich bin wertvoll.

*

*Die Mutigen sind nicht etwa jene, die keine Angst haben,
sondern jene, die trotzdem handeln.*

*

▲

ACHTE GROßE ERKENNTNIS

Helden

Jeder liebt Helden, es gibt unzählige in Zeitungen, Büchern und im Kino. Hast du dich je gefragt, warum wir alle so vernarrt in Helden sind? Nun, sie verkörpern unser höheres Ich, etwas, das wir gerne selbst wären. Bestimmte Eigenschaften sind allen Helden gleich. Und wir ahnen zutiefst, dass es sehr erfüllend ist, ein Held zu sein. Ein Held verkörpert fast immer die Eigenschaften der Selbstlosigkeit und des Dienens, der Gerechtigkeit, der Gutherzigkeit, der Kraft und Liebe, der Klarheit und der Fähigkeit, über sich selbst hinaus zu wachsen. Er akzeptiert seine Grenzen nicht und gibt niemals auf. Und er hat Kräfte und Fähigkeiten, die andere nicht haben. Die gute Nachricht ist: Du bist ein Held, du bist der Held deines Lebens. Und du hast das Potential eines noch größeren Helden in dir, ganz sicher. Jeder hat das. Wenn du wirklich willst, kannst du diese Eigenschaften mehr und mehr selbst verwirklichen und in ein völlig neues Leben wachsen.

*

Ein göttlicher Held ist derjenige,
der seinen Feind in einen Freund verwandelt.

*

*

Angst gibt mir die goldene Gelegenheit, heldenhaft mutig zu sein.

*

Trotz allem, was uns vom anderen abstößt,
trotz aller Gegensätze,
trotz allen Hasses,
trotz allem, was uns voneinander trennt,
sein Ego, seinen Eigenwillen beiseite zu werfen und
sich in Liebe zu verbinden,
das nenne ich heilige Arbeit.
Das können nur Helden.

*

Ein Held ist jener,
der sein Ego beiseite zu werfen weiß.
Der Schwächling bleibt Sklave
seiner niederen Natur.

*

▲

NEUNTE GROßE ERKENNTNIS

Gut und Böse

Das Gute kann ohne das Böse nicht existieren. Das Böse unterstützt und fördert das Gute. Das Schlechte ist im Guten enthalten. Das Böse empfinden wir als schlecht, weil wir nicht damit umzugehen wissen, geschweige denn, es nutzen können. In der Vergangenheit galten bestimmte Dinge als schlecht, die wir heute als neutral oder sogar gut verstehen. Blitz und Donner, Schlangen. giftige Pflanzen galten einst vielleicht als etwas Böses, all dem wir nicht gewachsen waren oder das wir nicht verstanden, gaben wir diese Bezeichnung. Heute nutzen wir den Strom der Blitze und können damit umgehen und das Gift der Schlangen oder Pflanzen machen wir zu Medizin. Wenn wir die Dinge also noch nicht zu unserem Vorteil nutzen können, nennen wir sie schlecht oder böse, im anderen Fall sind sie gut. Einige bekämpfen das Unkraut, andere haben herausgefunden wie und wozu man es nutzen kann. Das sogenannte Böse zu bekämpfen hat noch nie funktioniert. Was immer funktionieren wird, ist es zu nutzen, zu wandeln und etwas Gutes daraus zu machen, sich selbst und seine Fähigkeiten so weiterzuentwickeln, dass es seinen Schrecken verliert, wie der Igel, der immun ist gegen das Gift der Schlange.

Bedenke, zu Beginn ist der Apfel am Baum bitter, hart und ungenießbar Am Ende jedoch wird er süß sein. Was wäre es für eine Torheit den Baum zu fällen, weil seine Früchte bitter sind? Der Gärtner weiß jedoch, dass die Früchte noch wachsen und sich verändern. Selbst der verdorbenste Bösewicht wird im Laufe seiner Entwicklung verwandelt sein. Das geschieht natürlich vor allem dann, wenn der Mensch ebenso wie der Baum bekommt, was seiner Entwicklung förderlich ist.

Für uns existiert also das Gute und Böse. Für die Natur, den Cosmos existiert es nicht. Dort gibt es nur die Dualität, die überall zu finden ist. Das eine kann ohne das andere nicht existieren. Wer das verstanden hat, lebt im Wissen einer dritten Perspektive, jenseits der Zweiheit. Er weiß, das Gut und Böse und die Dualität auf allen Ebenen Diener der einen Vollkommenheit und Harmonie sind.

*

Wenn wir zum Guten streben,
offenbart sich das Böse.
Und das ist gut.

*

Wenn wir wirklich mit vollem Herzen und allen zur Verfügung stehenden Mitteln zum Guten streben, zeigt sich alles, was dem im Weg steht. Genau das ist unermesslich wertvoll und ein Grund der Freude und Dankbarkeit. Die Schwachen sind nur dankbar für die Süßigkeiten. Die Helden jedoch sind dankbar für die bittere Medizin. Ich sage dir noch mehr als dies. Bist du wahrlich ein Held, wird die Medizin, die allen bitter schmeckt, süß in deinem Mund. Warum? Weil du nichts fürchtest außer stillzustehen oder gar Rückschritte in deiner Entwicklung zu machen. Die höchste Liebe ist dein Ziel. Die höchste Freiheit ist dein Ziel. Der höchste Frieden ist dein Ziel. Sonnengleiche Selbstlosigkeit ist dein Ziel. Durch das Band der Güte mit allen Menschen verbunden zu sein, ist dein Ziel.

*

▲

ZEHNTE GROßE ERKENNTNIS

Die Quelle des Glücks und die Ursache der Leiden

Die Wurzel des Leidens ist das Wollen, der egozentrierte Wunsch nach mehr. Wir sind alle gefangen im Hamsterrad der Wünsche. Die Quelle des Glücks hingegen ist etwas Gegenteiliges, es ist das Geben, die Absicht, andere zu erfüllen.

Immer, wenn ich leide, frage ich mich, als wäre ich eine andere Person:
Was willst du?
Was genau willst du und warum?
Ich stelle mir diese Fragen, weil ich verstanden habe, dass die Ursache des Leidens im Wollen liegt. Im Buddhismus wird dies „Begehren" genannt, in der Weisheit der Kabbalah „der Wille zu empfangen". Einige nennen es Egoismus. Auch im Christentum und im Sufismus finden wir dieses Thema wieder. Bayazid Bistami äußerte eines Tages, als ihn das Leid umfing:

„Ich wünsche mir nur eines: Nichts zu wünschen."

Einige wollen Anerkennung, Applaus, Bewunderung und Beachtung. Andere wollen Reichtum und Macht. Einige wollen Wissen. Wir alle wollen die Befriedigung unserer Wünsche. Es ist die Suche nach der nächsten Erfüllung, dem nächsten guten Gefühl. Einige bekommen nicht, was sie wollen, darum leiden sie. Andere bekommen, was sie wollen, doch Sie leiden dennoch. Die Erfüllung hat sich nur für kurze Zeit in ihrem Haus niedergelassen und verschwand wieder. Das teure neue Auto gab deinem Nachbarn ein oder zwei Wochen lang ein gutes Gefühl; dann ist die Euphorie verflogen und es ist normal für ihn.

Jetzt hat er bereits einen neuen Wunsch. So brauchen wir immer neue Wünsche, um immer neue kleine Erfüllungen zu erhalten. Verstehe mich nicht falsch, Wünsche sind natürlich, der Wunsch nach Essen hat das Ziel unseren Körper am Leben zu halten, der Wunsch nach Fortpflanzung ist wichtig, um nicht auszusterben.

Eine ewige Erfüllung die sogar wächst und zunimmt ist auf diese Weise jedoch unmöglich, da die Befriedigung des Wunsches den Wunsch auslöscht. Es ist mit dem Essen vergleichbar. Du hast Hunger und wünschst dir, etwas zu essen. Du isst es, und du bist satt. Der Genuss und die Erfüllung verschwanden im Moment der Sättigung. Es ist wie beim Sex, irgendwann hast du genug, die Mission ist erfüllt. Ist es nicht so?

*

Wenn du glücklich sein möchtest, beglücke andere.
Wenn du erfüllt sein möchtest, erfülle andere.
Wenn du geliebt werden möchtest, liebe.
Wenn du reich sein möchtest, sei eine Bereicherung.

*

Einige sind die Sklaven ihrer Wünsche, andere können aus ihren Wünsche heraustreten, sie verlassen, steuern, vergrößern oder verkleinern. Sie können ihren Willen, der etwas empfangen will, in den Willen zu geben verwandeln. So wird das Gefäß, das einzig für sich empfangen wollte, zum heiligen Gral, zu einem Kanal, zu etwas, das gibt und empfängt zur gleichen Zeit und so immer erfüllt bleibt.
Die egozentrierte Absicht des Menschen ist in eine gebende, liebende Absicht verwandelt. Der Mensch ist erfüllter als je zuvor, denn er lebt alle Zeit in der Heiligkeit. Er wurde selbst zum heiligen Gral, durch ihn fließt unerschöpflich das Wasser des Lebens.

Das Gefäß wird immer ein Gefäß bleiben, die Frage ist nur:
Ist das Gefäß, ist der Mensch, auf das Empfangen ausgerichtet oder auf das Geben. Das Gefäß, das dauerhaft gibt, kann auch dauerhaft empfangen. Der egozentrische Wille hat nur die kleinen Genüsse dieser Welt, während der Wille zu geben, die Unermesslichkeiten der Ewigkeit kostet.

*

Ich will nichts
Ich wünsche nichts
Ich bitte um nichts.

Nach nur einer Sache schreit mein entflammtes Herz:
„König aller Welten, Gott aller Lichter, Herr aller Galaxien,
mach mich zur höchsten Liebe,
mach mich zu deiner Sonne,
zur Quelle,
mach mich zur vollkommenen Selbstlosigkeit.
Ich wünsche nichts, außer deine süße strahlende Wunschlosigkeit.

*

▲

VIER ERKENNTNISSE

*

Einzig das Gefäß des Gebens vermag ewig zu empfangen.

*

Sind die Augen auf den eigenen Vorteil gerichtet - werden sie blind.

*

*Nur einige wenige in jeder Generation verlassen diese Welt der Wünsche,
treten aus sich selbst hinaus und entdecken eine vollkommen andere Welt,
frei von den Illusionen des Ich's.*

.

*

*Viele sind gefangen im Hamsterrad der Wünsche.
Nur wenige sind auserwählt,
um im süßen Himmel der Selbstlosigkeit zu leben.*

*

▲

ELFTE GROßE ERKENNTNIS

Wünsche und Verlangen

Wünsche sind weder gut noch schlecht, wenn sie uns jedoch gefangen nehmen und uns unserer Freiheit oder Freude berauben, können wir mit ihnen auch wie folgt umgehen. Du hast sicher schon beobachtet, dass alle Wünsche und Verlangen zuweilen plötzlich auftauchen und auch wieder verschwinden. Wenn ein Verlangen auftaucht, was es auch sei, verschiebe dessen Erfüllung auf später, ignoriere es und du wirst sehen, wie es nach kurzer Zeit wieder verschwunden ist. Wer schon einmal gefastet hat, kennt dieses Phänomen. Du musst nicht jedem Verlangen nachgeben und es erfüllen. Du bist Herr deiner Selbst und kannst in größerer Freiheit und Selbstbestimmtheit leben. Das Verlangen auf später zu vertrösten und ihm keine Aufmerksamkeit zu geben, ist ein einfaches und effektives Mittel. Mira Alfassa, eine sehr bemerkenswert weise Frau, hat diesen Umgang mit Begehrlichkeiten wie folgt beschrieben:

„Es gibt keinen größeren Sieg als den, sich selbst zu beherrschen. Ein Begehren zu überwinden, schenkt mehr Freude, als es zu befriedigen."

*

▲

ZWÖLFTE GROßE ERKENNTNIS

Kritik

Ein Hund lernt die Dinge schnell und effektiv, wenn er für jene Dinge belohnt wird die er gut und richtig macht. Wird der Hund stattdessen bestraft für die Dinge die er falsch macht, lernt er daraus kaum. Er lernt vielleicht sogar, dass der Bestrafer gefährlich ist und er ihn meiden sollte. Beim Menschen verhält es sich ähnlich. Darum führt Kritik und Bestrafung nahezu nie zu Verbesserungen. Der Mensch, wie auch der Hund, jedoch tut die Dinge gerne, wenn er einen Vorteil davon hat. Unser eigener Vorteil ist unser Hauptaugenmerk. Wir alle sind immer auf eine Belohnung aus. Seitdem ich das verstanden habe, suche ich immer, über den Vorteil des anderen eine Veränderung zu bewirken. Ich frage mich selbst: Was kann ich dem anderen anbieten oder geben, dass er dies oder jenes gerne und von sich aus tun möchte? Was wäre sein Vorteil? Wie kann ich es ihm schmackhaft machen? In diesem Fall nämlich gewinnen beide Parteien und niemand wird kritisiert oder zu etwas gezwungen, das er gar nicht möchte.

*

Gewalt wird niemals Gewalt besiegen,
Hass wird niemals Hass besiegen - im Gegenteil.
Gewalttätige Gedanken, Worte und Taten werden immer auch
diese Dinge zufolge haben. Alles, was ich aussende,
kommt zu mir zurück.

*

Meine Aufgabe ist nicht, andere zu verändern.
Meine Aufgabe ist, sie zu lieben.
Meine Aufgabe ist, mich selbst zu verbessern.
Meine Aufgabe ist, ein Vorbild zu sein.

*

▲

DREIZEHNTE GROßE ERKENNTNIS

Gesundheit

Das Paretoprinzip, das wir auf alle Bereiche des Lebens anwenden können, besagt, dass 20% meiner Handlungen 80% des Ergebnisses bewirken, im positiven wie auch im negativen Sinne. So können nur 20% meiner Handlungen 80% der Lösung beziehungsweise meiner Heilung bewirken. Anders herum können auch 20% meiner Handlungen 80% des Problems bzw. meiner Erkrankung verursachen. Finde also die besonderen 20%, die dir großen Schaden oder Nutzen bringen und bewirke somit enorm große Veränderungen durch kleine Dinge.

1.
Das Kranksein nutzen wir seit unserer Kindheit, meist vollkommen unbewusst, als ein Mittel um etwas nicht tun zu müssen oder um Aufmerksamkeit zu erhalten. Stell dir die richtigen Fragen und du bekommst die richtigen Antworten. Wenn sich etwas anbahnt, das in eine Krankheit münden kann, frage ich mich selbst: Was ist es, das du nicht tun möchtest? Von wem möchtest du beachtet werden? Und auch: Welche Gedanken sind meiner Gesundheit förderlich und welche Gedanken oder unbewussten Überzeugungen nicht?

2.
Gefühle von Wut, Angst, Scham, sich nicht wehren können, von Verzweiflung, Ungerechtigkeit oder Trauer, die wir hinunter schlucken, verstecken wollen oder mit denen wir z. B. als Kinder nicht umzugehen wussten, können zu körperlichen Symptomen führen.

Mehr zu diesem Thema findest du in den Büchern von Dr. med. Ruediger Dahlke. Nur ein kurzes Beispiel: Wenn dir etwas sehr missfällt, du aber deine Wahrheit nicht aussprichst, kann es sein, dass du z.B. Halsschmerzen bekommst. In diesem Fall ist dir schon sehr geholfen, wenn du deine Wahrheit laut und klar aussprichst, sogar wenn die Person, die es betrifft, gar nicht dabei ist.

3.
Worte und Gedanken haben enorme Macht.
Denke Weise, denke Dinge, die deine Gesundheit fördern oder bestätigen. Denke oder sprich nichts, was das Kranksein unterstützt. Oh, ich bin so krank, oh, mir geht es so schlecht, immer bin ich krank, ich habe dies und das. Diese Gedanken unterstützen die Krankheit enorm. Es ist, als würdest du sie füttern. Das Unterbewusstsein führt treu alles aus, was wir glauben und vermehrt denken oder sprechen.
„Immer bin ich krank.", oder: „Ich werde das nicht los." sind Befehle an unser Unterbewusstsein, die es getreu zur Wirklichkeit macht.
Stattdessen: Visualisiere, denke und sprich hilfreiche Befehle zu deinem allmächtigen Unterbewusstsein wie: Mir geht es besser und besser, meine Kraft und Gesundheit wächst und gedeiht mit jedem Atemzug und von Tag zu Tag.

Wie ich selbst allergiefrei wurde

Ich hatte seit meiner Kindheit eine Pollenallergie, die mir sehr zu schaffen machte. Im Frühling konnte ich kaum draußen sein, es war eine Qual. Als ich vor einiger Zeit für mich die Macht der Selbsthypnose bzw. die Macht des Unterbewusstseins entdeckte, heilte ich mich mit dieser Methode selbst. Ich stellte mir vor, gesund zu sein, ich stellte mir all das vor, dass ich nun tun konnte. Ich stellte mich mir jedoch nicht von außen vor, als Beobachter meiner selbst. Nein, das hätte nicht funktioniert. Was immer wir uns vorstellen; wir sind im Körper, wir erleben alles im Körper, das ist sehr wichtig. Ich visualisierte jeden Morgen und jeden Abend wie ich im Frühling unbeschwert durch die Wiesen streifte, ich hörte auch jede Nacht eine eigens aufgenommene Affirmation, deren Worte ich auch sehr oft laut aussprach:

Ich fühle mich drinnen wie draußen rund um wohl und gesund. Ich bin entspannt. Ich bin vollkommen gesund. Ich bin voller Kraft und Energie. Ich bin so dankbar dafür, dass ich gesund bin. Ich kann draußen alles tun was ich möchte. Ich fühle den Atem des Lebens und den Segen der Natur. Mir geht es draußen wunderbar. Mir geht es wunderbar.

Die heftigen allergischen Reaktionen verschwanden spurlos.

▲

VIERZEHNTE GROßE ERKENNTNIS

Spiegel

Wie könnte ich von jemandem enttäuscht sein?
Wie könnte mich ein Spiegel enttäuschen?
Was ist schlechtes am Ende einer Täuschung?

*

Wir machen uns ständig Bilder von der Realität,
diese Bilder jedoch zeigen uns nicht die Wirklichkeit.

*

Die Welt ist ein Spiegel, dank ihm erkenne ich mich selbst.
Ich lasse mich nicht vom Spiegel täuschen. Was mir die Welt spiegelt,
ist einfach gesagt: Sie spiegelt mir meinen Glauben. Sie spiegelt mir die
Programme meines Unterbewusstseins. Sie spiegelt mir meine Überzeugungen und Gedanken. Die Welt und ihre Menschen spiegeln mir, was
ich von mir selbst denke, was ich von anderen denke und was ich von
der Welt denke. Wenn ich von mir selbst denke: Ich kann das nicht allein,
wird früher oder später jemand kommen und mir genau das sagen oder
zeigen. Wenn ich von mir glaube, dass ich beliebt bin und alles bewerk-
stelligen kann, wird mir die Welt dies auch spiegeln. Wenn ich von dir
denke, du bist ein Idiot, dann wirst du mir selbst das beweisen, ob du
nun willst oder nicht. Darum frage ich mich oft selbst, habe ich das über
ihn oder sie gedacht? Habe ich dieses Verhalten gar erwartet
oder geglaubt es würde so geschehen?
Denke ich dies oder jenes über mich selbst?

Lobe jemanden, für all das Gute, das du an ihm bemerkst. Und obwohl du ihn vielleicht nicht besonders leiden konntest, wird er dir zunehmend sympathischer. Wenn du die Schönheit und das Gute in der Welt und in den Menschen sehen möchtest, wirst du es sehen. Wenn du Fehler und Torheiten sehen möchtest, wirst du sie sehen. Das nennt man selektive Wahrnehmung.

Ein praktisches Beispiel: Zähle alle Blauen Objekte in deiner Nähe. Jetzt schließe die Augen und sage mir wie viele gelbe Objekte du wahrgenommen hast? Genau, du weißt es nicht, weil du auf etwas anderes ausgerichtet warst. Das ist ein wichtiger Teil unserer positiven Veränderung, immer und immer wieder unsere Ausrichtung zu korrigieren. Das Gute zu sehen, die Schönheit zu sehen, die Möglichkeiten zu sehen. Selbst das schnellste und stärkste Pferd wird das Rennen verlieren, wenn es in die falsche Richtung läuft.

*

Möge ich das Positive, das ich in anderen sehe, immer auch zum Ausdruck bringen.

*

▲

ZWEI ERKENNTNISSE

*

Der Ungerechte sieht in allem die Ungerechtigkeit.
Der Gerechte sieht in allem die Gerechtigkeit.
Der Liebende sieht in allem die Liebe.
Der Kritiker sieht alles kritisch.
Der Verdorbene sieht überall die Verdorbenheit.
Der, dessen Augen rein sind, sieht nichts als Reinheit.
Der Weise sieht in allem die Weisheit.

*

Das ganze Theater im außen, ist nur da, um mein Inneres kennenzulernen, um mich selbst zu erkennen. Wir sehen die Handlungen der Menschen wie in einem großen Puppentheater, der Puppenspieler jedoch bleibt den Meisten für immer verborgen.

*

▲

FÜNFZEHNTE GROßE ERKENNTNIS

Der innere Beobachter

Der innere Beobachter ist der Schlüssel zu allem.
Wenn du deine Gedanken, deine Gefühle, deine Absichten, deine Worte,
deine Haltung beobachtest und auch einzugreifen lernst, wirst du mehr
und mehr Herr deiner selbst. Du erlangst die Macht über dich selbst
und über dein Leben zurück. Meditation ist zur Entwicklung des inneren
Beobachters sehr hilfreich, denn wir lernen und üben das Nach innen
Schauen. Während die Welt nur auf die Ergebnisse und die äußeren
Erscheinungen schaut, schauen wir auf die Ursachen.

*

Meditiere jeden Morgen,
das Glück wird dich küssen,
jeden Tag dein Leben lang.

*

Meditation ist so effektiv, weil sie die nötige Ruhe schafft,
um das Licht positiver Gedanken durch die Pforten des Unterbewusstseins
zu tragen.

*

Wenn du beginnst zu meditieren, bricht aus deinem Innern
die Quelle des höchsten Glücks hervor.
Du erkennst dich als dein eigenes Licht, als dein eigenes Glück.

Meditation

All unsere Sinne sind nach außen gerichtet, wir schauen, schmecken,
riechen, fühlen die Welt da draußen.
Meditation jedoch ist ein Nach innen Schauen.
Meditieren heißt, einen neuen Sinn in uns wachzurufen, das Bewusstsein, das Nach innen Schaut, das sich selbst mit allem, was da ist,
betrachtet. Denn es gibt nicht nur die Welt da draußen, es gibt auch in
uns eine Welt, die wir wie in einer Abenteuerreise entdecken können.
Es ist die Welt unserer Gedanken, Gefühle, Absichten, Ideen, Fähigkeiten, Träume, Wünsche, Glaubensmuster und Meinungen. Sie alle üben
einen gigantischen Einfluss auf unsere Welt da draußen aus.
„Was wir in uns tragen, erschafft die Umstände außerhalb von uns.",
schrieb Sri Aurobindo einst und diese Tatsache erkennt auch die Wissen-
schaft heute an. Darum ist das Allheilmittel für das Chaos in uns und in
der Welt ein Nach innen Schauen im Sinne von „Erkenne dich selbst",
um dann aufzuräumen in unseren Dachböden und Kellern
unseres Unterbewusstseins.

Meditation ist Stille – Ruhe und tiefer Frieden.
Meditation ist ein Erfülltsein vom gegenwärtigen Moment.
Meditation ist der Schlüssel zum süßen Paradies,
das wir allezeit mit uns herum tragen.

▲

FÜNF ERKENNTNISSE

*

Meditation bedeutet nicht etwa, auf etwas zu warten,
Meditation bedeutet voll und ganz den jetzigen Moment der Stille
zu genießen.

*

Am Morgen, am Abend und in tiefer Meditation kann ich durch positive
Vorstellungen und Affirmationen mein Unterbewusstsein
umprogrammieren.

*

Harmonie ist das Gleichgewicht zwischen zwei Extremen.
Meditation schafft das Gleichgewicht zur Dynamik des Lebens.

*

Lausche nur eine Minute lang dem Gesang der Vögel.
Siehe da, die Stille der Natur segnet dich mit ihrem Frieden.

*

Wenn du traurig bist, gehe in die Stille,
schließe die Augen und atme tief,
die Tröstung wird auf dich hinabregnen wie warmes goldenes Licht.

▲

SECHZEHNTE GROßE ERKENNTNIS

Die Umgebung

*

*Deine Umgebung ist entweder ein Rettungsboot oder
eine Fallgrube voller Schlangen.
Zeige mir deine Freunde und ich prophezeie dir deine Zukunft.*

*

Die Umgebung hat einen enormen Einfluss auf den Menschen.
Die Sprache, die du seit deiner Kindheit sprichst, hast du von deiner
Umgebung erhalten. Gedanken, Meinungen, Ansichten, Verlangen,
Wünsche, all das erhalten wir von unserer Umgebung. Wenn die Menschen um dich herum beginnen zu essen, wirst du ebenfalls essen wollen. Wenn die Menschen um dich herum schlafen, wirst du unweigerlich
müde. Auch sagen wir, wenn jemand ins Gefängnis gekommen ist:
„Er ist in schlechte Umgebung geraten.“ Wenn wir genau hinschauen,
sehen wir die Macht der Umgebung in allen Bereichen des Lebens.

Wähle deine Umgebung weise und auch immer wieder neu.
Das Samenkorn wird sich in der richtigen Umgebung öffnen und wachsen. Läge es im trockenen Wüstensand, würde es Jahrhunderte bleiben
wie ein Stein. Wenn du ein guter Musiker werden möchtest, begib dich
in die Umgebung von guten Musikern. Wenn du Erleuchtung erlangen
willst, begib dich in die Umgebung von Erleuchteten. Unter Umgebung
verstehe ich alles, was einen Einfluss auf dich und dein Unterbewusstsein hat: Bücher, Fernsehen, Menschen, Musik, Orte und ähnliches.

Der Mensch ist eine Art Recorder, er kopiert das Verhalten, die Worte, Gedanken und Reaktionsmuster seiner Umwelt. Das beste Beispiel ist das Kind, das plötzlich neue Worte und Verhaltensmuster aus dem Kindergarten mitbringt. Auch übernehmen wir unbewusst das Verhalten unserer Eltern und Großeltern. Das ist die Macht der Umgebung: Mit ihrer Hilfe wirst du große Sprünge oder große Rückschritte machen. Die bewusste Wahl deiner Umgebung liegt in deiner Hand. Alles, womit du deinen Geist füllst und alle Erlebnisse beeinflussen dich.

*

Was suche Ich?
Eine optimale Umgebung um zu wachsen!
Wie sieht diese Umgebung aus?
Sie besteht aus Menschen einer Gemeinschaft,
in der alle das gleiche Ziel, die gleiche Ausrichtung haben:
nach Hause zurückzukehren, zur Einheit, zum Frieden, zur Liebe,
zur Brüderlichkeit, zur Geborgenheit, zur Freiheit, zur Klarheit,
zur Seligkeit, zur eigenen Kraft, zur Stille, zum Licht, zur Quelle.
Ich möchte umgeben sein von liebenden,
nach etwas Höherem strebenden Seelen.
Das ist das Schiff, das mich nach Hause zurückbringt.
Möge sich mir dieser Ort zeigen, und möge ich das Seil ergreifen,
das mich aus meinem Käfig fortreißt.
Möge ich daran festhalten, was auch immer passieren mag,
bis ich den Ort meiner Vision erreicht habe.
So sei es.

*

▲

SIEBZEHNTE GROßE ERKENNTNIS

Zwischenmenschlich

Die Theorie ist im Grunde sehr einfach: Wir lieben es, mit anderen Menschen zusammen zu sein, bei denen wir uns wohl fühlen.
Und wir hassen es, mit Menschen zusammen zu sein, bei denen wir uns nicht wohl fühlen. Unsere, meine und deine Aufgabe besteht also unter anderem darin, selbst jemand zu werden,
bei dem sich die Menschen wohl fühlen.

Halte nie Trennung, Feindseligkeit, Groll, Misstrauen oder Missgunst aufrecht. Strebe immer nach Verbindung, Freundschaft, Brüderlichkeit, Liebe und Güte. Schließe mit allem und jedem Frieden und das so schnell wie möglich. Das ist tausendmal wertvoller, als die Torheiten der eigenen Egozentrik aufrecht zu erhalten und vielleicht Jahrzehnte in Feindschaft mit jemandem zu leben.

Wenn es uns körperlich schlecht geht, sinkt auch unsere Laune und wir sind vielleicht unfreundlich jemandem gegenüber oder wollen uns gar verstecken. So wisse auch, dass, wenn dir jemand gegenüber nicht freundlich ist, es demjenigen mit Sicherheit nicht gut geht, warum auch immer. Statt zu denken: Dieser Blödmann; frage dich: Wie oder was kann ich demjenigen Gutes tun? Was würde dieser Person jetzt helfen? Warum geht es ihm oder ihr gerade nicht gut?

▲

SIEBEN ERKENNTNISSE

*

Teile dein Herz mit den Menschen, verbrüdere dich mit allen.
Und sie sind dir wohlgesonnen.

*

Die zu lieben, die uns lieben, ist einfach.
Die zu lieben, die uns hassen, ist schon schwieriger,
ausnahmslos alle zu lieben, ist göttlich.

*

Wenn du mit jemandem sprichst, versuche nicht seinen Verstand
zu überzeugen,
sondern erfülle sein Herz und lausche seiner Seele.

*

Die wirkliche geistige Arbeit entsteht und offenbart sich
in der Verbindung zwischen den Menschen.

*

*

Werden die Wünsche und Bedürfnisse des Partners oder Gegenübers nicht
erfüllt, schlägt seine Liebe und sein Wohlwollen zuweilen in Hass um.
Dieses Phänomen finden wir in allen zwischenmenschlichen Beziehungen,
die auf der Basis des eigenen Vorteils beruhen.

*

Eine Situation in der beide Seiten sich als Gewinner fühlen,
ist immer die weisere Lösung.

*

Was geschah, ist gar nicht wichtig.
Wichtig ist: Was habe ich über mich selbst gelernt?
Wie hat es mir geholfen, mich selbst zu verbessern?

*

*

Wir werden uns in die Stille zurückziehen,
um den Weisungen unserer Herzen zu lauschen,
koste es, was es wolle.
Wir werden das Göttliche verwirklichen,
koste es, was es wolle.
Wir werden die höchste Wirklichkeit offenbaren,
koste es, was es wolle.
Wir werden unsere eigenen Grenzen transzendieren,
sie überschreiten mit großer Kraft in großer Freiheit,
koste es, was es wolle.
Wir werden Eins sein und alles Trennende von uns werfen,
koste es, was es wolle.
Wir werden die reine, höchste, bedingungslose Liebe verwirklichen,
koste es, was es wolle.
Wir werden die bedingungslos gebende Herzens-Güte verkörpern,
koste es, was es wolle.

*

▲

ACHTZEHNTE GROßE ERKENNTNIS

Sehnsucht

*

Sehnsucht ist sehr wertvoll. Und wenn man verstanden hat, warum sie da ist und wie bzw. wofür man sie nutzen kann, wird sie süß wie Honig und strahlt wie die warme Sonne in tausend Lichtern.

*

Wenn ich es nicht schaffe, mich zu überwinden oder etwas Bestimmtes zu tun, ist das ein Zeichen dafür, dass es mir an Sehnsucht dafür fehlt. Das Ziel zu verwirklichen ist mir nicht wichtig genug. Hätte ich eine starke Sehnsucht danach gehabt, mein Ziel zu verwirklichen und wüsste ich auch genau, warum ich dies erstrebe, hätte ich jedes Hindernis auf der Welt überwunden. Im materiellen Leben hat alles seinen Preis. Dies kostet tausend jenes kostet hunderttausend Euro und so ist es auch im spirituellen Leben. Jede Sache hat eine gewisse Menge an Sehnsucht nötig, die der Mensch braucht, um diese Sache zu erlangen.

Wie bekomme ich jetzt also eine größere Sehnsucht? Man gibt mir ein Hindernis. Man gibt mir solange Hindernisse, bis meine Sehnsucht groß genug geworden ist. Dann erst erhalte ich diese Sache. Alle Hindernisse sind nur dazu gegeben, um mein Verlangen danach zu vergrößern. Alle erfolgreichen Menschen haben eine bestimmte Einstellung: Ich gebe nicht auf, solange das Ziel nicht erreicht ist. Ich gebe nicht auf, komme was wolle.

*

Hast du eine große Sehnsucht? Lenke deine Konzentration darauf,
voll und ganz. Stell es dir mit den kleinsten Einzelheiten vor.
Stell dir vor, du bist dort. Wenn deine Sehnsucht groß genug und deine
Konzentration stark genug ist, kannst du es verwirklichen.

*

Kenne dein Ziel. Kenne dein Warum. Kenne dein zukünftiges Leben.
Was auch immer es kostet, zahle den Preis.
Fürchte den Stillstand.
Liebe die Stille.
Brenne wie Feuer.

*

*

Schrei,
Schreie laut,
Schreie lauter,
schreie so laut,
dass alle Engel vom Himmel in dein Herz fallen.
Schreie so laut, dass alle Dämonen zu Staub zerbrechen.
Schrei solange und so laut du kannst.
Und dann weine, bis der Bach deiner Tränen
alle Torheiten von dir löst und abwäscht -
wie der Regen den Staub auf den grünen Blättern.
Rufe dein neues Leben, deine Freiheit,
den unbezwingbaren Willen deiner Seele.
Rufe die Seligkeit des Lebens in deinen Körper hinab.
Rufe die Liebe und Sehnsucht des Herzens wach.
Rufe alle Götter dir zu Hilfe und alle Heiligen dir zum Schutz.
Rufe dein neues Ich herbei, um dich zu unterweisen.
Rufe die Milliarden Sonnen herbei, um dich zu erleuchten.
Rufe und Schrei bis die Hölle zum Himmel wird
und das Feuer zum Wasser des Lebens.

*

Die Schatzkammer

In deinem eigenen Haus, verbirgt sich eine gewaltige Schatzkammer
voller glänzender Schätze. Würdest du sie finden, wärst du für immer
reich. Nur leider herrscht große Unordnung in deinem Haus, und du
kannst den Zugang zur Kammer nicht finden. Stattdessen stolperst du
ständig über dein eigenes selbstgeschaffenes Chaos. Was tust du also?
Würdest du wie gewohnt vor dich her leben wie alle anderen?
Dich ablenken und dein altes Leben in all der Unordnung weiterführen?
Natürlich nicht, du wirst Tag und Nacht wie ein Verrückter alles auf den
Kopf stellen, aufräumen, suchen und suchen und nicht eher aufgeben,
bist du endlich die Schatzkammer deines Hauses gefunden hast.
Du wirst nicht aufgeben, bis der Reichtum deiner Seele geborgen ist.

Warum bist du so glücklich?

Warum bist du so glücklich?
Weil du am Leben bist.
Warum bist du so glücklich?
Weil dein Geist voller schöner Gedanken ist.
Warum bist du so glücklich?
Weil du ein Herz voller Güte besitzt.
Warum bist du so glücklich?
Weil du für so viele Dinge dankbar bist.
Warum bist du so glücklich?
Weil du dich an nichts und niemandem störst.
Warum bist du so glücklich?
Weil du wie das weite tiefe Meer
alles in Frieden und Demut annimmst.
Warum bist du so glücklich?
Weil du geboren wurdest,
um glücklich zu sein,
um erfüllt zu sein
Du bist das Glück.
Du bist am Leben.

▲

NEUNZEHNTE GROßE ERKENNTNIS

Motivation

Energie und Motivation fehlt, wenn wir kein Ziel, keinen Traum, keine Vision haben, wofür es sich lohnt aufzustehen zu leben und zu arbeiten.

Wenn du etwas unbedingt willst, ist die Kraft da.
Wenn dein Haus brennt, dann wirst du mitten in der Nacht,
wenn ich dich wecke und egal wie müde du bist, aufspringen und 100%
deiner Energie einbringen, um das brennende Haus zu verlassen.
Die Wichtigkeit bestimmt alles.
Wenn ich dich hingegen um 5 oder 6 Uhr wecke und sage: Komm, es ist
Zeit kalt zu duschen, zu meditieren und deine Träume in die Tat um-
zusetzen, dann wirst du dich womöglich verärgert und müde von mir
abwenden und weiter schlafen. Warum? Weil der momentane Genuss zu
schlafen jetzt wertvoller für dich ist als die Genüsse in der Zukunft.
So stehen wir uns also selbst im Weg. Gut ist, dass, wenn uns etwas sehr,
sehr wichtig ist, wir alle Kräfte, die wir brauchen, mobilisieren können.

Mein praktischer Tipp für dich ist: Kreiere eine Vision - deinen Traum.
Wie zum Beispiel, sieht dein perfektes Leben aus? Wisse, was du unbedingt in diesem Leben noch tun, erleben oder verwirklichen möchtest.
Egal, was du dir zu verwirklichen wünschst, ob Geduld, Frieden, Güte,
bedingungslose Liebe oder ein Haus am See, baue dir ein Vision-Bord,
eine Tafel, auf der dein Traum, dein Ziel zu sehen ist. Und diese Tafel wird
dich jeden Tag an deinen Traum deine Vision erinnern.

Du hast es jeden Tag vor Augen und wirst jeden Tag daran arbeiten. Nutze deine Vorstellungskraft und deine mit dem Ziel verbundenen Affirmationen. Alles, was du benötigst, wird sich spielerisch im Laufe der Zeit ergeben, sei dir dessen sicher. Das Wichtigste ist loszugehen, Dinge zu tun, zu lesen, zu lernen und den Preis dafür zu zahlen, der nötig ist, um deinen Traum zu leben. Dieser Preis ist mit Sicherheit das Verlassen deiner Komfortzone.

*

Ich werde mein Ziel erreichen, koste es, was es wolle. Ich werde nicht aufgeben. Niemals.

*

▲

ACHT ERKENNTNISSE

*

*Wenn wir in dem Willen leben, der nur versucht, seine eigenen Begehr-
lichkeiten an sich heran zu ziehen, ist es, als würden beide Hände fest an
einem Seil ziehen, mit dem Ziel das zu bekommen was wir wollen.
Doch da wir ununterbrochen damit beschäftigt sind zu ziehen, ist keine
Hand frei um etwas zu empfangen. Beginne zu geben, lass los,
lass die Dinge sich entwickeln. Sei vorbereitet, sei großzügig.
Wer gibt, dem wird gegeben.*

*

*Wenn ich mir etwas vornehme und es nicht umsetze,
bin ich unendlich traurig.
Wenn ich mir etwas zum Ziel setze und es vollende,
bin ich unendlich glücklich.*

*

*Mein Ziel ist es nicht, in den Himmel zu kommen,
mein Ziel ist, den Himmel jeden Moment meines Lebens
im Herzen zu tragen.*

*

*

Jage nicht deinen Zielen und Träumen nach, als wäre das Glück später in ihrer Erfüllung zu finden. Erfreue dich vielmehr am Weg selbst. Erfreue dich an all den Wundern des Lebens, denen du begegnest, während du auf dein Ziel zusteuerst, um deinen Traum zu verwirklichen.
Atme.

*

Solange hohe Erkenntnis dein Ziel ist, wird jede bittere Erfahrung Gold wert sein, deine Weisheit vergrößern und sich letzten Endes versüßen.

*

Folge den Anweisungen deiner Seele.
Arbeite für dein Ziel und deinen Traum.
Alles wird sich verbünden, um dir zu helfen.

*

Intuition führt dich, wenn dein Ziel klar ist. Wenn du nicht weißt, wohin du möchtest und warum, nützt der beste Führer nichts.

*

Stillstand existiert nicht. Ich bewege mich immer. Entweder bewege ich mich auf mein Ziel zu oder ich entferne mich mehr und mehr von meinem Ziel. Ich bin entschlossen umzukehren, koste es, was es wolle.
Mein Ziel ist klar.

*

▲

ZWANZIGSTE GROßE ERKENNTNIS

Die vier Stufen der Liebe und des Gebens

Auf der ersten Stufe liebt und gibt man nur,
wenn man geliebt wird und einem selbst gegeben wird.
Auf der zweiten Stufe liebt und gibt man von selbst, will aber wieder-
geliebt werden und etwas zurückbekommen. Manchmal hassen wir die
anderen sogar, wenn sie nicht tun oder uns geben, was wir wollen.
Auf der dritten Stufe liebt und gibt man, auch wenn man nicht geliebt
wird und auch wenn man nichts zurückbekommt; jedoch möchte man,
dass die Liebe oder Gabe angenommen wird. Auf der vierten Stufe
endlich, liebt und gibt man rein, einfach und frei, ohne einen anderen
Wunsch oder ein anderes Glück als nur zu lieben und zu geben.
Das Wollen schwand; das Geben fließt.

Lieben kann man immer, egal ob der Geliebte gerade die eigene Hand
hält, verstorben ist oder 1000 Meilen entfernt ist. Lieben kann man immer, liebe, soviel du kannst. Zu lieben ist Lohn genug.
Diese Liebe ist selbstlos, machtvoll und sie erfüllt dein Herz zutiefst.
Auch geben kann man immer und wenn es auch nur ein Lächeln
oder ein Wort ist.

*

Stell dir vor, du liebst einen Menschen so sehr,
dass du vor Seligkeit zerfließt.
Stell dir vor, du liebst auf die gleiche erfüllende Weise
ausnahmslos alle Menschen,
als wären sie dieser eine geliebte Mensch.
Das ist es, was es zu verwirklichen gilt.
Liebe.

*

Die Liebe umarmt dich, jeden Moment.
Die Liebe küsst dein Herz, jeden Moment.
Die Liebe flüstert dir süße Worte ins Ohr, jeden Moment.
Die Liebe segnet dich mit ihrer Güte, jeden Moment.
Die Liebe ist gekommen und hat dich auserwählt.
Die Liebe ist da, die Liebe ist da, in dir.
Du bist die Liebe, du bist der Geliebte.

*

*

Es bereitet dir Genuss, deine Geliebte zu erfüllen. Du fühlst ihre Wonne.
Stell dir vor und sei nicht neidisch, die ganze Welt ist meine Geliebte.
Meine Liebe durchdringt alles und jeden.

*

Schau jeden Morgen in den Spiegel und sprich:
„Ich liebe dich!"

*

Wenn die Lust erwacht, verlässt die Liebe das Herz.
Liebe kann dich tagelang begleiten,
Lust jedoch geht so schnell vorbei, wie sie gekommen ist.

*

▲

EINUNDZWANZIGSTE GROßE ERKENNTNIS

Selbstlosigkeit

Selbstlosigkeit bedeutet, sich weder mit den eigenen Gedanken noch den Gefühlen zu identifizieren die kommen und gehen wie die Wolken am Himmel. Selbstlosigkeit bedeutet nicht, jedem das zu geben, was er verlangt oder worum er bittet. Selbstlosigkeit bedeutet jenseits egoistischer Beweggründe zu leben. Selbstlosigkeit bedeutet Freiheit.

*

Mein Herz ist in Frieden, frei und offen; ich lebe,
ich verkörpere die Eigenschaft der Liebe, der Güte und des Gebens.
Großzügigkeit - Selbstlosigkeit – Wunschlosigkeit sind meine
Herzens-Wächter.

*

Mögen wir alle aufhören,
Sklaven des Begehrens zu sein.
Mögen wir alle beginnen,
das Höchste zu verkörpern.

*

*

*Wir werden traurig oder zornig, wenn wir nicht bekommen, was wir wollen,
wie ein Kind, das seinen Willen nicht bekommt. Darum ist das Lieblings-
wort der Heiligen: Selbstlosigkeit. Darum ist die Grundlage des Friedens:
Selbstlosigkeit.*

*

*Der, der Herr seiner Selbst ist und in Selbstlosigkeit mit der Welt lebt,
diesen kann man wahrhaft frei nennen. Alle anderen sind Sklaven ihrer
Wünsche, Einbildungen, Gedanken und Gewohnheiten.*

*

*Alles, was du siehst, ist gefärbt und verdreht durch die Brille
deiner Wünsche.
Du hast die Wahl. Betrachte die Dinge durch die Brille
des eigenen Vorteils oder durch die selbstlosen Augen des ewig Dienenden.*

*

Verliebe dich!

Verliebe dich! Verliebe dich in das Leben - in jeden Atemzug.
Sei von Herzen verliebt in dich selbst, in deine innere Schönheit,
in die Schönheit und die Großzügigkeit des Lebens. Du bist am Leben,
du bist lebendig. Verliebe dich in dieses Geschenk!
Verliebe dich in dein Dasein, in deinen dich belebenden Atem,
in diesen Tag, in diesen Augenblick.
Verliebe dich in die Klarheit, in das Licht, in das Göttliche in deinem Inne-
ren, in all das, was so schön ist.
Verliebe dich in die Dankbarkeit, in die Hingabe, in den unumstößlichen
Frieden und die weite ewig währende Liebe, die dein Wesen erfüllt.
Sei von Herzen erfüllt vom Atem des Lebens, sei erfüllt von der Lebendig-
keit selbst. Die Liebe ist da, sie ist da, die Liebe ist da, das Leben ist da,
der Atem ist da, das Göttliche ist da, jetzt und immer, in dir,
im Herzen der Ewigkeit!

Verliebe dich in dein von Liebe und Dankbarkeit erfülltes Herz.
Verliebe dich in deinen von Frieden und Stille erfüllten Verstand.
Verliebe dich in deinen dich mit Leben erfüllenden Atem.
Verliebe dich in dein ewig weites Herz und dein überfließendes Leben.
Sei verliebt - jeden Moment - jeden Moment, sei hier, sei gegenwärtig,
sei der lebendige Fluss des Atems,
sei die ewig verliebte Allgegenwart des Lichts.

▲

ZWEIUNDZWANZIGSTE GROßE ERKENNTNIS

Das Glück in der Zukunft

Tage, Wochen und Jahre vergehen. Die Lebenszeit verstreicht.
Wann werden wir glücklich sein?
Wir warten auf den Bus, wir warten auf den Feierabend,
wir warten auf die Rente, wir warten auf den Tod.
Oh weh, selbst die Sonne spottet über meine Torheit, das Glück und die
Freude in der Zukunft zu finden, wenn dies oder jenes passiert,
dies oder das überstanden ist. Das Glück wird nie am Horizont der Zu-
kunft auftauchen. Das Glück und die Freude des Daseins sind hier und
jetzt in dir gegenwärtig. Hier und jetzt fühlst du das Leben in dir pulsie-
ren. Hier und jetzt bist du erfüllt vom tiefen Atemzug des Lebens.
Die Zeit des erfülltseins ist gekommen.
Die Zeit der Freude ist gekommen.
Die Zeit des Friedens ist gekommen.

*

Erinnere dich, erinnere dich -
an das Geschenk, das du erhalten hast.
Jeden Tag, jeden Moment - kommt der Segen allen Segens zu dir,
jeden Moment, jeden Moment. Dein Atem, dein Atem,
dein dich mit Leben erfüllender Atem. Du bist am Leben,
du bist am Leben, das ist das Wichtigste, das ist das Geschenk,
das Kommen und Gehen des Atems.
Erinnere dich, erinnere dich,
der Lehrer ist bereits bei dir.
Der Freund, der jede deiner Fragen beantwortet,
ist bereits bei dir.
Der einzige Freund, der dich nie verlassen wird,
ist bereits bei dir.
Der Freund, der dir hilft zu jeder Zeit,
selbst in der schwärzesten Nacht,
ist bereits bei dir.
Erinnere dich, erinnere dich,
dass die süße Sehnsucht im Herzen,
das Göttliche herbeiruft, den Freund herbei ruft,
die Wahrheit herbeiruft.
Erinnere dich, erinnere dich,
du bist frei von allem, den wertvollsten Schatz im Innern wissend.
Erinnere dich, erinnere dich,
jeden Tag, jeden Moment an deinen dich mit Leben erfüllenden Atem,
liebe ihn, genieße ihn, genieße jeden Atemzug wie eine himmlische Süßig-
keit, wie die Umarmung des Geliebten, wie die warme Sonne,
die dein Gesicht küsst. Genieße ihn, jeden Tag, jeden Moment.
Du bist am Leben. Du bist am Leben.
Du bist gesegnet mit dem Geschenk des Lebens.
Du bist gesegnet mit Bewusstsein;
du bist gesegnet mit der Kraft, dem Glanz und der Güte der Liebe.

*

▲

DREIUNDZWANZIGSTE GROßE ERKENNTNIS

Energie

1.

Hast du genug Sauerstoff im Blut, hast du auch genug Energie. Je weniger Sauerstoff du im Blut hast, umso weniger Energie hast du auch. Sauerstoff ist die größte Energiequelle unseres Lebens. Auch der Testosteronspiegel hat gigantischen Einfluß auf unser Energielevel und auch auf unser Selbstbewusstsein. Dr. Raimund von Helden fand zum Beispiel in einer Untersuchung heraus, dass durch kaltes Wasser (kalt duschen) das Vitamin D3 in den Zellen unserer Haut aktiviert wird. Das Vitamin D3 hat wiederum einen vorteilhaften Einfluss auf unseren Testosteronspiegel. Das erklärt vielleicht, warum der berühmte Pfarrer Kneipp mit seinen Kalt-Wasser-Therapien die unterschiedlichsten Krankheiten zu heilen vermochte. Vermutlich ist auch das der Grund, warum ich und viele andere Menschen durch kaltes Duschen am Morgen weniger müde und krank sind und deutlich mehr Energie und Lebenskraft verspüren. Du möchtest wesentlich mehr Energie und Selbstbewustsein? Dann nutze diesen kleinen Trick und dusche gleich nach dem Aufstehen kalt.

Eine weitere Möglichkeit, das eigene Energielevel zu erhöhen, ist durch bestimmte Atemtechniken wie u.a. Pranayama oder die Methode von Wim Hof. Ich praktiziere als Beispiel jeden Morgen für ca. 7 Minuten folgende Übung: Ich atme zügig tief ein und halte dann die Luft für 25 bis 30 Sekunden, dann atme ich sehr langsam wieder aus. Seitdem ich diese Übung regelmäßig am Morgen wiederhole, habe ich wesentlich mehr Energie zur Verfügung. Auch nutze ich sie, wenn ich müde werde und seither bin ich weniger anfällig für Krankheiten.

Und auch bestimmte Lebensmittel oder Heilkräuter vermögen den Sauerstoffgehalt des Blutes anzuheben, hier seien besonders die indischen Kräuter Haritaki und Ashwaganda erwähnt, die mir selbst schon große Dienste erwiesen. Auch regelmäßiger Sport und die Ernährung haben einen erheblichen Einfluss auf unser Energielevel. Des weiteren, zu essen, obwohl man keinen Hunger hat, nur für den Genuss der Zunge, ist, als würden wir Sand in unser Energiegetriebe schütten. Ich persönlich esse das erste Mal etwas Festes nach der Mittagszeit und oft auch nur eine oder zwei Mahlzeiten am Tag, mir geht es damit hervorragend.

Meine vier Tipps für dich (neben dem kalten Duschen und der Atemtechnik) sind:
1. Trinke jeden Morgen ein großes Glas stilles Wasser.
2. Iss erst, wenn du wirklich Hunger hast und iss nicht, bis du satt bist. Du sparst Geld und Zeit und gewinnst mehr Energie.
3. Auch die Ernährung durch überwiegende Rohkost bewirkt erstaunlichen Energiezuwachs und ein ganz neues Körpergefühl.
4. Mein Geheimtipp, um deinen Testosteronspiegel neben dem Sport und dem kalten Duschen noch weiter anzuheben, ist der tägliche Verzehr von Stangensellerie. Sellerie enthält Androstenon und Apigenin, diese erhöhen deine Testosteronwerte. Außerdem enthält Sellerie Luteolin, welches deine Östrogenwerte senkt.

2.

Kraftlosigkeiten und Ermüdungen entstehen aus inneren Widerständen. Wenn du etwas liebst zu tun, hast du Kraft und Energie. Tust du etwas mit Widerwillen, ist die Energie verschwunden. Siehst du einen großen Vorteil für dich, ist deine Antriebskraft groß, siehst du keinen Vorteil oder sogar Nachteile, ist auch keine Kraft da.
Kraft und Energie kommen mit der Freude. Ich habe erlebt, dass schon allein das vergnügte laute Singen mit den Mitarbeitern bei der eigentlich monotonen Arbeit alles verwandelt. Die Trägheit verschwindet, alle haben Freude. Hat sich die Arbeit selbst verändert? Nein.

3.

Der Computer arbeitet schlecht und langsam, wenn viele Programme gleichzeitig laufen, manchmal stürzt er sogar ab. Frage dich selbst, welche Dinge laufen in meinem Leben alle zur gleichen Zeit ab und verlangsamen oder überfordern mich. Wann und wie arbeite ich an meinem Herzensprojekt? Dieses Buch zum Beispiel gäbe es nicht, hätte ich mir nicht allein dafür Zeit genommen. Ich mache eine Sache zu 100% und dann die nächste - nicht 10 Dinge zur gleichen Zeit. Volle Konzentration auf eine Sache. Frage dich: Welche Aktivitäten bremsen mich aus und rauben mir die Energie, die ich für das wirklich Wichtige in meinem Leben benötige? Auch hier können wir wieder das Pareto-Prinzip anwenden und schauen, welche 20% meiner Handlungen kosten mich 80% meiner Energie? Vielleicht das Handy? Vielleicht die Ernährung? Oder positiv: Welche 20% meiner Handlungen können mir zu 80% mehr Energie verhelfen? Sicher die kalte Dusche am Morgen, die Atemübung und eine neue Form der Ernährung. Kleine Veränderungen, große Wirkung. Probiere es aus, du kannst nur gewinnen.

*

Je mehr Sonne ich tanke, je regelmäßiger ich kalt dusche, je mehr Sauerstoff ich durch Sport und meine Atemtechnik ins Blut bringe, jemehr frischere Dinge ich esse, umso mehr Energie, Kraft und Selbstbewusstsein habe ich. Ich fühle mich einfach gut.

*

Später

Du schiebst etwas auf? Dir fehlt die Motivation?
Warte nicht, bis du dich bereit fühlst oder alles perfekt passt, denn diese
Situation wird nie eintreten. Niemand startet perfekt. Wir lernen und
verbessern uns während wir handeln, während wir tun, was zu tun ist.
Es geht immer und immer wieder darum, die eigene Komfortzone
zu verlassen, über die Grenze hinauszugehen,
einfach mit winzig kleinen Schritten anzufangen.

1.
Stell dir das wundervolle Ergebnis und das beglückende Gefühl vor,
das eintritt, wenn du es getan hast. Wie beim Joggen oder der kalten
Dusche stellt sich die Freude erst hinterher ein.
Sich selbst zu überwinden, können nur die Starken.
Tu es, und du gewinnst an Stärke und Selbstbewusstsein.

2.
Fürchte das, was eintritt, wenn du es nicht tust. Nichts ist so traurig
wie eine verpasste Möglichkeit und ungenutzt verstrichene, wertvolle
Lebenszeit. Pack es jetzt an, am Sterbebett betrauern wir vor allem die
Dinge, die wir nicht taten.
Du lebst nicht ewig.

3.
Plane die Dinge, die zu Tun sind.
Plane die nächsten kleinen Schritte. Was, wann, wie lange und wo.
Wenn wir keinen Plan haben, dann planen wir damit unser Versagen.
Ein Plan bringt dich weiter als kein Plan.

▲

DREI ERKENNTNISSE

*

Die Befreiung, die Freude,
das Glück umarmen mich nach meiner Anstrengung,
nach der Überwindung.

*

Ich bin meine eigene Motivationsmaschine.
Ich habe nichts zu verlieren.
Ich bin ein Gewinner.
Ich gewinne immer, ich habe keine Furcht vor Verlust.
Ich gewinne immer.
Was auch passiert, ich gewinne immer neues Wissen,
neue Stärke, neue Erfahrungen, neue Möglichkeiten, neuen Hunger.
Mein höchstes Ziel – Entwicklung.

*

Koste es, was es wolle – ich werde tun, wofür ich gekommen bin.

*

▲

VIERUNDZWANZIGSTE GROßE ERKENNTNIS

Segenskraft

*

Du bist ein Segen,
Du bist gesegnet,
Du bist ein Segen für dich selbst,
Du bist ein Segen für andere,
Du bist ein Segen für die Welt,
Du bist ein Segen,
Du bist gesegnet.

*

Segne jeden und alles. Anstatt irgendwo zu warten und sich in hundert Gedanken zu verlieren, segne jeden, den du siehst. Wünsche jedem etwas Gutes, sprich in Gedanken, wenn du ein Kind siehst: Mögest du glücklich und friedlich aufwachsen. Sprich in Gedanken, wenn du eine Mutter siehst: Mögest du deine Kinder mit Nachsicht, Weisheit und Güte begleiten. Wenn du einen ärmlichen Mann siehst, sprich in Gedanken: Mögest du erkennen, was dich begrenzt und in deine positive Kraft zurückfinden, möge neuer Mut und neue Zuversicht in dir erwachen; erhebe dich aus dem Staub – oh, göttliche Seele. Wen auch immer du erblickst, sprich in Gedanken: mögest du vom Glück erfüllt sein, mögest du in deiner vollen Kraft leben, Mögest du vor Liebe und Seligkeit überfließen, mögest du in Freude und Dankbarkeit leben. Was auch immer dir Gütevolles in den Sinn kommt, segne jeden und alles. Du wirst verstehen, was geben und lieben wirklich bedeutet.

*

Mögest du gesegnet sein. Heute und für alle Zeit.
Mögest du die Liebe fühlen, die du bist.
Mögest du die Güte fühlen, die du bist.
Mögest du die süße Dankbarkeit fühlen, die du bist.
Mögest du die leuchtende Gnade fühlen, die du bist.
Mögest du den Segen fühlen, der du bist.

*

Möge ich, mögest du, mögen wir jeden Tag - jeden Moment die strahlende
Sonne der Liebe verkörpern, das Licht verkörpern, den Frieden verkörpern,
die Güte verkörpern,
Bewusstsein verkörpern.
Furchtlos - weiten Herzens - frei - nackt - glühend – rein.

*

Mögest du Tag für Tag, mehr und mehr aufblühen -
wie die süß duftende Rose im Garten der Ewigkeit.

*

Möge die weite, alles umfangende Liebe in dir erblühen.
Möge der tief verwurzelte Frieden in dir Gestalt annehmen.
Möge Güte dein Leben regieren.
Möge das Göttliche in dir zur vollen Kraft und Würde finden.
Möge die Schönheit der Harmonie sich in deinem Herzen niederlassen.
Möge die süße Glückseligkeit wie die warme Sonne in deinem Herzen
strahlen.

*

Vergebung

Einst saß ich vor meiner Tür. Als sich vor meinen Augen jemand, scheinbar müde vom weiten Weg, unter einem alten Baum niederließ. Er schlief dort seelenruhig ein. Nach einiger Zeit jedoch, kroch eine Schlange aus ihrem Versteck und näherte sich dem Mann. Mir war sehr bange, doch bevor noch ein Unglück passieren konnte, löste der Wind einen Ast im Baum und dieser erschlug die Schlange mit einem dumpfen Ton. Plötzlich erwachte der Mann und erkannte vor sich das tote Tier und sein großes Glück. Er stand auf und verließ seinen Platz in meine Richtung, als plötzlich ein noch wesentlich größerer Ast vom alten Baum auf seinen Schlafplatz donnerte und er gerade so mit heiler Haut davon kam. Er lief erschrocken auf mich zu und ich fragte ihn: „Du musst viel Gutes getan haben, dass der Allmächtige dir gleich zwei Wunder schenkt" Der Mann erwiderte: „Nun ja, wann immer mir jemand etwas Böses tat, habe ich ihm verziehen und mich wieder mit ihm versöhnt. Doch selbst, wenn sich mir keine Gelegenheit mehr bot, mich mit ihm zu versöhnen, schlief ich doch nicht eher ein, bevor ich nicht allen verziehen hatte, die mir Leid bereiteten, und ich erinnerte mich nicht mehr an jenes Böse. Doch mehr noch: Auch versuchte und bemühte ich mich sehr, ihnen jeden Tag Gutes zu tun." Ich hörte dies und weinte sehr. Mein Wunsch war es nun, ebenfalls einzutreten in jene heilige Güte. Ich lernte, was Vergebung wirklich bedeutet. Ich lernte, was wahre Liebe ist.

(Nacherzählung einer Parabel aus dem Zohar)

*

Wenn Frieden fehlt - rufe ihn - rufe ihn.
Wenn Liebe fehlt - rufe sie - rufe sie.
Wenn Stille fehlt - rufe sie - rufe sie.
Wenn Klarheit fehlt - rufe sie - rufe sie.
Wenn Demut fehlt - rufe sie - rufe sie.
Wenn Verbundenheit fehlt - rufe sie - rufe sie.
Wenn Dankbarkeit fehlt - rufe sie - rufe sie.
Wenn Bewusstsein fehlt - rufe es - rufe es.
Wenn Vertrauen fehlt - rufe es - rufe es.
Wenn Licht fehlt - rufe es - rufe es.
Wenn das Göttliche fehlt - rufe es - rufe es.

*

*

Das, was uns trennt - zerstöre es, Geliebter!
Das, was uns bindet - zerstöre es, Geliebter!
Das, was uns voreinander fliehen lässt - zerstöre es, Geliebter!
Das, was uns hassen lässt - zerstöre es, Geliebter!
Das, was uns Hochmut beschert - zerstöre es, Geliebter!
Das, was die Wahrheit verkehrt - zerstöre es, Geliebter!
Das, was uns von Dir trennt - zerstöre es, Geliebter!

Das, was uns vereint – oh, erschaffe es, Geliebter!
Das, was uns befreit – oh, erschaffe es, Geliebter!
Das Herz, das nach Vollkommenheit schreit – oh, erschaffe es, Geliebter!
Das, was uns trunken macht vor Liebe – oh, erschaffe es, Geliebter!
Das, was uns einander näher bringt im Kriege – oh, erschaffe es, Geliebter!
Das, was in den Tiefen des Herzens singt – oh, erschaffe es, Geliebter!
Das, was Demut und Dankbarkeit bringt – oh, erschaffe es, Geliebter!
Das, was in ewigem Frieden schwingt – oh, erschaffe es, Geliebter!
Das, was uns zu Dir bringt – oh, erschaffe es, Geliebter!
Das Lied, das die Seele singt – oh, erschaffe es, Geliebter!
Oh, Licht, das jede Dunkelheit bezwingt - erstrahle!

*

Geduld

In einem Schiff, das in einen gewaltigen Sturm geriet, saß ein geiziger
Pechvogel. Bei sich trug er eine Last aus Metall, während ein zweiter
Passagier einzig Geduld bei sich trug, sonst nichts. Während der Gedul-
dige ruhig sitzen blieb, obgleich der Sturm heftig wütete, band sich der
Pechvogel in Eile, zur selben Zeit sein Metall auf den Rücken.
Schließlich zerbrach der Sturm das Schiff und der Pechvogel wurde in
die Tiefe gerissen. Der Geduldige jedoch erreichte das Ufer und zupfte
einem Wasservogel eine Feder aus. Möchtest du vom Meer wieder ans
Land kommen, lass Geduld deine einzige Ladung sein.

(Nacherzählung einer Parabel von Fariduddin Attar)

*

*Der Narr gibt sich zu erkennen durch seine Eile, Gier und Ungeduld.
Der Weise lebt in Großzügigkeit, Frieden und Geduld mit allem
und jedermann.*

*

▲

FÜNFUNDZWANZIGSTE GROßE ERKENNTNIS

Frieden

Sri Chinmoy schrieb in einem seiner Bücher: „Nichts ist schlimmer als
den inneren Frieden zu verlieren." Der mit Weisheit gesegnete, bleibt
ruhig und besonnen inmitten des Chaos. Er weiß: Den Kopf zu verlieren,
heißt, die Kontrolle zu verlieren. Bleibt nur einer weise und besonnen
inmitten des Chaos, kann die Situation sich zum Guten wenden oder
Schlimmeres verhindert werden. Der Unfrieden, die Unwissenheit und
die Zerstreuung im Menschen erzeugt das Chaos in der Welt.
Im Frieden zu sein, heißt, klar und besonnen zu sein.
Nicht etwa emotional auf alles Mögliche anzuspringen. Bewahre stets
deinen Frieden, lass dich durch nichts und niemanden aus deiner Mitte
bringen. Sei stets wachsam und tappe nicht in die Falle. Die Prüfungen
sind zahlreich. Spiele folgendes Spiel: Nichts und niemand bringt mich
mit seiner Präsenz, seinen Taten oder Worten aus der Ruhe.
Sie alle sind die Puppen des Puppenspielers. Sage mutig:
Kommt meine geliebten Prüfer, ich warte auf eure Versuche.
Nichts bringt mich aus der Ruhe.
Ich bin tiefer, unumstößlicher Frieden,
ich bin mit mir selbst und
der Welt im Reinen.

▲

FÜNF ERKENNTNISSE

*

Die Weisheit kann sich nicht mehr empören.
Sie lebt in tiefem Frieden mit sich und der Welt.
Nur die Unwissenheit ist voller Empörung.

*

Was es zu verwirklichen gilt, um überaus glücklich zu leben,
ist innerer Frieden
und uneingeschränkte, bedingungslose Liebe.

*

Ist keine Ruhe, kein Frieden in deinem Wort,
ist auch keine Wahrheit enthalten.

*

Frieden
mein ewiger Begleiter.
Stille
mein weiser Berater.
Liebe
mein Lebenselixier.

*

▲

SECHSUNDZWANZIGSTE GROßE ERKENNTNIS

Sein & Werden

Durch das SEIN werden wir sofort, durch das Sein sind wir.
Das Werden hält uns vom Sein ab.
Das Sein ist immer im Jetzt, das Werden ist immer
an die Zukunft gebunden, an das Später.
Ein Beispiel: Wenn du schön sein möchtest, dich schön machen möchtest, dann offenbart dies, dass du glaubst nicht schön zu sein.
Wer glaubt nicht schön zu sein, muss sich schön machen. In diesem Fall
bist du nicht im Sein, sondern im Werden. Andersherum: Wenn du sagst
und denkst: Ich bin schön, ich weiß, dass ich von Natur aus wunderschön
bin, dann bist du es, du bist im Sein. Was wir über uns selbst denken,
von uns glauben, strahlen wir aus. Ein anderes Beispiel: Du möchtest mit
dem Rauchen aufhören. Schon diese Formulierung ist ungünstig.
Was ich meine ist: Setze dir nicht als Ziel, mit etwas aufzuhören.
Entscheide besser klar und deutlich: Ich habe mit dem Rauchen aufgehört. Dann ist es bereits Realität. Ich habe es beendet, ich habe aufgehört, ist wesentlich zielführender als: ich werde aufhören.
Du siehst: Unsere Worte und Formulierungen haben einen gigantischen
Einfluss. Denke stets daran, vor allem, wenn du deine eigenen
Affirmationen formulierst.

*

Lass das Wollen hinter dir und tritt ins Sein ein.

*

▲

SIEBENUNDZWANZIGSTE GROßE ERKENNTNIS

Die Macht der Worte

Ich rufe die Dinge hervor, in dem ich sie ausspreche. Sage ich: Warum bist du so glücklich, wirst du glücklich. Sage ich jedoch: Warum bist du so traurig, wirst du traurig. Nenne ich dich Verlierer, wirst du dich wie ein Verlierer fühlen. Nenne ich dich Champ oder Champion, wirst du dich wie ein Champion fühlen. Ich kann laut und kraftvoll sagen:

Ich bin mutig und bereit für das, was kommt,
ich meistere weise jede Situation.

Oder aber leise und unsicher:

Irgendwann in der Zukunft wird sich vielleicht, wenn ich Glück habe,
ein wenig meine Angst und Unsicherheit aufgelöst haben,
falls es klappt könnte ich...

Unsere Worte und Gedanken kreieren immer eine bestimmte Haltung oder innere Wirklichkeiten in uns. Das, womit ich mich identifiziere oder woran ich glaube und denke, ziehe ich in mein Leben, es wird zu meiner Wirklichkeit. Ich programmiere damit mein Unterbewusstsein. Darum wähle deine Worte weise, wähle deine Gedanken weise.

*

Das Universum liebt klare Entscheidungen.
Mit „vielleicht..." oder „ich hoffe..." kann es nichts anfangen.
Klarheit ist Macht.

*

Worte wie: würde – hätte – sollte
sind aus meinem Sprachschatz gestrichen.
Ebenso wie: unmöglich und aufgeben.

*

Ich bin Herr meiner Worte und Gedanken -
so wie der Architekt Herr über den Bau ist.

*

Ich bin Klarheit und Licht; warum sollte ich etwas anderes sein?
Ich bin Frieden und Vertrauen; warum sollte ich etwas anderes sein?
Ich bin Güte und Liebe; warum sollte ich etwas anderes sein?
Ich bin mutig und stark; warum sollte ich etwas anderes sein?

*

*

Ich bin die unsterbliche Seele.
Ich bin ewiges Bewusstsein.
Ich bin die Träne der Befreiung.
Ich bin der Seufzer der Seligkeit.
Ich bin der Frieden meines Lebens.
Ich bin die Güte der Natur.
Ich bin ewige Wandlung.
Ich bin die Schönheit des Herzens.
Ich bin die Liebe aller Wesen.
Ich bin der Atemhauch des Lebens.
Ich bin die Vollkommenheit des Ganzen.
Ich bin das Göttliche im Menschen.
Ich bin der Quell der Wonne.
Ich bin die Dankbarkeit im Herzen.

*

▲

ACHTUNDZWANZIGSTE GROßE ERKENNTNIS

Tag und Nacht

Dualität ist allgegenwärtig, in jedem Schritt in jedem Atemzug. Nichts ist nur schlecht, nichts nur falsch. Es gibt immer auch die andere Seite. Entwicklung findet durch das Zusammenspiel von Gegensätzen statt.

Tag und Nacht nennen wir jene zwei Zustände im Menschen, die eine Stufe bilden. Jeder Tag beginnt mit dem Zustand der Nacht. Und ist eine Stufe erklommen, ein Zyklus von der Nacht zum Tag abgeschlossen, beginnt es von vorn.

Die Nacht ist der Zustand, indem wir nichts sehen, nichts erkennen. Die Nacht ist der Zustand der Dunkelheit, der Verlassenheit, der Sehnsucht, der Tiefe, der Trauer, der Fragen. Erinnere dich, Christus wurde in der Nacht geboren.

Um diesen Zustand der Nacht zu verlassen, musst du mit voller Kraft den Tag rufen, das Licht rufen. Ohne diesen Schrei wird die Welt ihr Kleid der Nacht nicht ablegen. Du wirst den Zustand der Nacht nicht verlassen ohne die große Sehnsucht danach.

Der sogenannte Tag ist der Zustand, in dem alles klar ist. Licht ist da, Wonne ist da. Die Freude ist da; du strahlst wie die Sonne in tausend Lichtern. Liebe erfüllt dein Herz und Erkenntnis deinen Verstand.

*

Der Tag wird in der Nacht geboren.
Jede Füllung bedarf eines Mangels.
Jeder Aufstieg bedarf eines Abstiegs.
So geht es abwärts auf dem Weg,
der nach oben führt!

*

Die Nacht ist da, um erleuchtet zu werden.
Rufe das Licht, erwecke den Morgen.

*

Verrückt

Du wirst den Verstand verlieren und darüber sehr glücklich sein -
wirst lachen wie jemand Verrücktes. Du wirst krank sein vor Liebe
und voll Süße im Herzen der Ewigkeit. Du wirst Tränen der Dankbarkeit ver-
gießen, die wie Bäche aus deinen Augen strömen. Du wirst dich verbeugen
voll Hingabe und Demut, wirst Herr und Gebieter, Sklave und Diener sein.
Du wirst brennen wie trockenes Holz im Wald und alles mit deinen Funken
anstecken. Du wirst reich, ohne etwas gewonnen zu haben.
Du wirst unermessliche Leere und unstillbarer Hunger sein und darüber
glücklich voll Dank. Du wirst die Sonne sein, die keine Nacht kennt und
nichts und niemanden bedarf. Strahlen wirst du aus dir selbst heraus -
voll Kraft, voll Würde und Anmut. Du wirst sterben und dann lebendiger
sein als je zuvor, wirst auferstehen mit neuen Augen und höherem Ver-
stand. Du wirst frei sein von dir selbst und das süße Leben schmecken in
Ewigkeit. Das Paradies wird in deinem Herzen blühen
und seine Früchte wirst du verschenken.

▲

APHORISMEN

SÜßIGKEITEN

UND

80 KLEINE ERKENNTNISSE

▼

Glücklich

*

Mein Verstand macht mich glücklich,
wenn ich mit seiner Hilfe,
Dinge denke, die mein Herz erfreuen.

*

Nichts ist gewonnen,
Nichts verloren.
Wirf alle Hoffnungen
und alle Befürchtungen beiseite.
Hier und Jetzt
bist du glücklich.

*

Du bist allmächtig und allwissend, du bist in meinem Inneren.
Alle Antworten und Lösungen liegen für mich bereit.
Mein ewiger Freund, mein Geliebter, meine höchste Wonne.

*

*

Erinnere dich an deine Ziele - jeden Morgen.
Konzentriere dich jeden Morgen.
Meditiere jeden Morgen.
Visualisiere jeden Morgen.
Sprich deine Affirmationen jeden Morgen.
Bedanke dich jeden Morgen.
Das Glück wird dich küssen den ganzen Tag
dein Leben lang.

*

Spiritualität

*

Spiritualität beginnt dort, wo der Mensch
das Leid der Welt zu heilen wünscht.

*

Spiritualität ist die Sehnsucht nach etwas Neuem, Unbekanntem,
jenseits dieser Welt vergänglicher Dinge und Genüsse.

*

Spiritualität bedeutet, eine neue Natur zu erlangen,
zu etwas Neuem zu werden.

*

Spiritualität bedeutet, die Gewohnheiten des Denkens ,
des Handelns und der eigenen Absichten zu verändern.

*

Spiritualität bedeutet, ein immer weiter und weiter gefasstes Loslassen.
Eine immer vollkommener werdende Anhaftungslosigkeit.

*

*

Das spirituelle Leben ist bereits in deinem Innern, es findet im Innern statt. Du findest es in der Liebe, von der du erfüllt bist und im tiefen Frieden, den du fühlst. Das spirituelle Leben ist dort, wo du dich hingibst, wo du Gegebenheiten und Ereignisse annimmst. Das spirituelle Leben ist eine Abenteuerreise, in der du jedes Ereignis nutzt, um daran zu wachsen, zu lernen und dich immer wieder neu zu verwandeln in etwas noch Schöneres, noch Weiseres noch Kraftvolleres. Das spirituelle Leben ist dort, wo du erfüllt bist vom Geschenk des Lebens, vom Atem deiner so wertvollen Lebendigkeit. Es ist dort, wo die Dankbarkeit Tränen vergießt - vor lauter Wonne und Glück. Es ist dort, wo Demut ist, wo liebe ist, wo Vergebung ist, wo Güte ist, wo Frieden ist, wo Mut, Vertrauen und Kraft sind. Spiritualität ist dort, wo du bist, dort wo Dankbarkeit ist, dort wo Selbstlosigkeit und Wunschlosigkeit sind. Es ist dort, wo die Freiheit gelöst von allen Fesseln der Unwissenheit lebt.

*

Räucherwerk, Kristalle, Drogen oder Amulette werden die tatsächliche innere Arbeit, die zu tun ist, nicht für uns erledigen.

*

Liebe

*

Lieben kann man immer, dazu muss die Liebe nicht angenommen werden.
Was kümmert es die Sonne, ob jemand ihre Wärme genießt.
Sie selbst ist von sich erfüllt.
Sie selbst ist der wärmste und strahlendste Ort.

*

Liebe so sehr und soviel du kannst,
und wenn du nicht lieben kannst,
dann schreie danach,
lieben zu können.

*

Ein Tag, ohne die süßen Tränen der Liebe,
oder ein Tag ohne ein Herz voller Dankbarkeit
ist ein verlorener Tag.

*

Wir lieben jene,
die die Eigenschaften verkörpern,
die wir zu verwirklichen wünschen.

*

Güte

*

Das Ego plappert.
Die Güte handelt.

*

Dein wunderschönes Herz ist voller Güte.
Verschenke diese Liebe und Güte
uneingeschränkt an die Geschöpfe der Welt.

*

Lass mich mein Ich vergessen
und ganz Du sein.
Lass mich meine Begehrlichkeiten vergessen
und ganz für dich leben,
oh, liebe unendliche Güte.

*

Möge der tiefe Frieden,
die Güte und Einheit,
in jedem Herzen erblühen,
bis zum alles überwältigenden
Duft der Liebe.

*

Unendlich

Unendlich reich ist dein Herz, das sich geöffnet hat.
Unendlich stark ist dein Herz, das liebt und liebt.
Unendlich glücklich ist dein Herz über die Tränen der Dankbarkeit.
Unendlich dankbar ist dein Herz über die süße Demut.

Kopf

*

*Die Schriften und Worte, die sich deinem Verständnis entziehen,
lege beiseite und nimm sie später wieder zur Hand.
Das Verständnis wird da sein.*

*

*Den eigenen Verstand
kann man zuweilen ertappen,
wie er die Dinge missversteht.*

*

*Der Kopf stellt allerlei Berechnungen an,
das Herz jedoch will nichts,
außer zu lieben und Freude zu geben.*

*

*Das Göttliche ist die Stimme in deinem Kopf,
die dich zurückhält, Dummheiten zu denken, zu glauben und zu tun!*

*

*Sorgenvolle Gedanken sind nicht hilfreich.
Wirf sie wie Müll aus deinem Kopf und leg stattdessen Vertrauen hinein.*

*

*

Der Verstand,
hat allerlei schlaue Einwände,
die rechtfertigen, sich nicht ändern zu müssen.
Er ist so schlau, dass er sich selbst nicht sieht
und seine Ausflüchte
nicht bemerkt.

*

Der Bann der Angst, ist gebrochen,
allein Liebe erfüllt mein Herz,
allein Mut und Vertrauen regieren meinen Verstand.
Die Negativität: Verbannt!

*

Herz

*

Ich habe ein Herz voller Liebe,
einen Körper voller Leben,
einen Kopf voller Visionen
und einen Willen voller Freiheit.

*

Die Herzensgüte im Menschen
wird immer die Begrenzungen des Verstandes
zu durchbrechen wissen.

*

Jeder ist schön, der ein Herz voller Güte, Liebe,
Großzügigkeit und Demut besitzt.
Hass -undankbarkeit – Egozentrik – Selbstmitleid und Negativität
machen uns hässlich.

*

Finsternis

*

Du selbst bist das Licht,
das jede Finsternis erleuchtet.

*

Ich liebe die Finsternis, sie verleiht dem Licht Schönheit.
Ich liebe den Hunger, er verleiht dem Essen Geschmack.

*

Wer wird die neue Welt bauen, wenn nicht Du und ich?
Wer wird den Weg zeigen, wenn nicht du und ich?
Wer wird die Brücke zum Göttlichen sein, wenn nicht du und ich?
Wer wird die Güte und Wahrheit verkörpern, wenn nicht du und ich?
Wer wird die höchste Liebe verströmen, wenn nicht du und ich?
Wer wird strahlen wie die Sonne, wenn nicht du und ich?
Wer wird die Dunkelheit der Welt erleuchten, wenn nicht du und ich?

*

*

Wie fern du auch sein magst,
meine Liebe zu Dir erfüllt mein Herz.
Meine Sehnsucht nach Dir - lodert wie das Feuer bis in den Himmel empor.
Mein leeres, stilles Herz wartet wie das Nest auf deine Ankunft -
oh Nachtigall. Die Nacht meiner Augen ersehnt die Morgenröte.
Oh Glanz meines Lebens, oh Atem des Daseins,
komm, komm,
bring mich nach Hause.

*

Sei die warme Glühende Flamme.
Nicht die Motte der Nacht.

*

Wer in der dunkelsten Nacht das Licht ruft,
der zieht die Sonne aus ihrem Versteck hervor und
setzt sie ins eigene Herz.

*

Geben und dienen

*

Das Geheimnis der Seligkeit ist,
im Geben zu leben.

*

Schau nicht auf das, was du bekommen,
sondern auf das, was du geben kannst.

*

Wenn das Geben oder Dienen selbst
Dir keine Freude schenkt,
ist es kein Geben, kein Dienst.
Wenn die Möglichkeit zu Geben nicht Lohn genug ist,
ist es kein Geben.

*

Der Schlüssel zur Pforte der Glückseligkeit
ist die Erfüllung im Geben zu finden.

*

Demut

*

Demut ist Herzensgüte,
die erwacht ist.

*

Demut ist das honigsüße Gefühl,
jenseits des Hochmuts zu leben.
Demut ist wie Humor und Dankbarkeit
ein universeller Rettungsanker.

*

Wenn ich könnte,
würde ich in jedes Herz neun Dinge legen:

*

*

Mut
Güte
Liebe
Frieden
Vertrauen
Großzügigkeit
Selbstlosigkeit
Dankbarkeit
&
süße Demut

*

Weisheit und Wahrheit zu verkörpern bedeutet:
Liebe, Güte, Großzügigkeit, Selbstlosigkeit,
Frieden und Demut zu verkörpern.
Nicht etwa Schlauheit, Vielwisserei oder Besserwisserei.
Sein Wissen ungefragt zur Schau zu stellen, um zu glänzen,
offenbart nur die eigene Torheit.
Die Absicht ist immer noch darauf ausgerichtet,
etwas zu bekommen - in diesem Fall Anerkennung.

*

Egozentrik

*

Jeder Mensch,
ich, du, der Staatschef, die Krankenschwester, der Richter, der Bankier,
die Hausfrau, der Arzt, das Kind, der Rentner und der Bettler auf der
Straße - wir alle sind Sklaven des Eigeninteresses. Und wer in der Lage ist,
sich aus dieser Sklaverei des eigenen Vorteils und der Egozentrik
zu befreien, steigt auf in die Ränge der Heiligen.

*

In Heiligkeit zu leben,
heißt, die Welt der egoistischen Absichten zu verlassen und im Geben
zu leben.

*

Mögen wir alle und zu jeder Zeit in einer liebenden und
gebenden Absicht leben -
frei von jeglichen trennenden, egoistischen Beweggründen.
Lass das unser Bündnis sein.

*

*

Der Messias ist die Kraft des Göttlichen in jedem Menschen, die ihn aus seinem Ego herauszuziehen vermag. Diese Kraft heißt anderenorts Krishna, Moses oder Jesus. Die Geburt des Göttlichen findet im Inneren des Menschen statt. Du bist dein eigener Erlöser.

*

Das Ego versucht ständig sich abzugrenzen, abzusichern, Türen zuzusperren und Berechnungen anzustellen. Es ist gefüllt mit Paranoia, Gier, Hochmut, überlegener Schlauheit, Angst, Ablehnung, Zweifel, Neid, Stolz, Ehre und Hass. Es versteckt sich hinter vielen Masken.

*

Dein Ego bereitet dir und anderen Leid und Probleme! Nimm ihm die Macht! Tue das Gegenteil!

*

Mein Ego hat sich offenbart, Oh, wie unangenehm, sagt der eine. Oh, welch goldene Gelegenheit, sagt ein anderer.

*

Das Ego fragt: Was habe ich davon? Das Göttliche fragt: Was, wie und wo kann ich hilfreich sein.

*

Tod

*

Nichts und Niemand stirbt wirklich.
Die Physik sagt: Keine Energie geht verloren.
Wenn der Luftballon platzt, dann ist doch die Luft nicht verschwunden.
Wir trauern um die Hülle, die jedoch nie das war, was wir geliebt haben.

*

Ich werde die Verstorbenen nicht betrauern –
ich werde ihre Wiedergeburt feiern.

*

Befreit

*

Du bist befreit.
Dein Herz ist so weit wie das All.
Du hast die Kraft, Ruhe und Sicherheit eines Löwen.
Deine Liebe ist tiefer als all die Meere.
Dein Glaube ist absolut.
Dein Frieden gleicht dem himmelbauen Zelt der Welt.
Deine Güte strahlt lichtvoll in alle Richtungen wie die warme Sonne.
Du bist befreit.
Du bist der Befreier.
Du bist die Befreiung.
Du bist der Befreite.
Du bist befreit.

*

Schicksal

*

Du willst dein Schicksal beherrschen?
Das ist möglich;
zuvor jedoch lerne dich selbst zu beherrschen.

*

Ich bin der Herr
über jeden meiner Zustände.
Ich bin der Architekt meines Schicksals.
Ich selbst bin für mein Lebensglück verantwortlich.

*

Ich weiß: Schließt sich mir eine Tür,
öffnen sich mir zehn andere.
Nimmt mir das Schicksal heute etwas fort,
so zahlt es mir dies morgen siebenfach zurück.

*

Leid

*

Der mächtige Stamm des Baumes,
wäre ohne Regen, Winde und Stürme,
ein zerbrechlicher Halm. Der Baum weiß:
Alles, was kommt, macht mich größer und stärker.

*

Der Sperling reinigt sein Kleid und seine Flügel im Staub der Erde.
Wenn dir der Schmutz nicht zur Reinheit verhilft, dann suche Wasser.

*

Das Leid hat einen Sinn,
er heißt: Entwicklung!
Eine Geburt ist schmerzvoll.

*

Warum sind die unangenehmsten Zustände die wertvollsten?
Weil sich gerade in den unangenehmsten Situationen,
das größte Potenzial zum Wachstum verbirgt.
Genau dort kannst du dein Ego beiseite werfen.
Genau dort kannst du über deine Grenzen hinausgehen.
Genau dort kannst du etwas Neues tun, etwas noch nie zuvor Getanes.

*

Wir

*

Wir werden uns in die Stille zurückziehen,
um den Weisungen unserer Seele zu lauschen,
koste es, was es wolle.
Wir werden das Göttliche verwirklichen,
koste es, was es wolle.
Wir werden die höchste Wirklichkeit offenbaren,
koste es, was es wolle.
Wir werden unsere eigenen Grenzen transzendieren,
sie überschreiten mit großer Kraft und süßer Freiheit,
koste es, was es wolle.
Wir werden Eins sein,
alles Trennende von uns werfen und uns verbinden,
koste es, was es wolle.
Wir werden die reine höchste Liebe verwirklichen,
koste es, was es wolle.
Wir werden bedingungslos gebende Herzens-Güte verkörpern,
koste es, was es wolle.
Wir werden voller Demut in tiefem Frieden leben,
koste es, was es wolle.
Wir werden voller Würde wie die warme Sonne strahlen,
koste es, was es wolle.
Wir werden unseren eigenen Weg gehen,
ganz gleich, was andere sagen oder denken,
koste es, was es wolle.

*

Gewohnheiten

*

Indem ich meine Gewohnheiten verändere,
verändere ich mein Leben und mein Schicksal.

Meine Gewohnheiten des Denkens
Meine Gewohnheiten des Handelns
Meine Reaktionen
Meine Absichten
Meine Überzeugungen

*

Mich selbst,
ständig aufs Neue zu überwinden,
macht mich glücklich.
In alten Gewohnheiten und Mustern gefangen zu bleiben,
macht mich hingegen traurig.
Ich nutze absolut jede Chance,
um auszubrechen aus diesem Gefängnis
der Gewohnheiten.

*

Der Palast des Königs

Du willst in die höchsten Höhen hinaufsteigen? In den Palast des Königs
eintreten und Ihn schauen von Angesicht zu Angesicht?
Dann wirst du auf dem Weg zu ihm vielen Wächtern begegnen.
Durch jeden der Wächter wirst du etwas über den König lernen.
Jedes mal wirst du etwas ablegen und hinter dir lassen müssen
und dafür eine neue und wertvolle Erkenntnis gewinnen.
Vielleicht wirst du aber auch aufgeben, den direkten Weg verlassen
und Jahre und Jahrhunderte auf Um- und Irrwegen verbringen,
bis die goldene Gelegenheit dein Herz erneut entflammt.
Tausende setzen den Fuß auf den Pfad, doch nur wenige erreichen den
König und seinen Palast. Gib niemals auf.
Sei unerschrocken, heldenhaft - werde zu nichts.
Gib alles auf, das dich gefangen hält, lass alles hinter dir.
Gürte dich mit dem absoluten und der Selbstlosigkeit
und trage die Krone der höchsten Liebe und Demut im Herzen.
Dann bist du sicher.

*

Schrei

*

Das, was dich aus dem Gefängnis der Nacht befreit,
ist ein markerschütternder Schrei übermenschlicher Kraft.
Der göttliche Arzt kommt und heilt erst,
wenn du eindringlich nach Ihm und seiner Medizin rufst.
Das, was die Dunkelheit erleuchtet,
ist dein Ruf nach Licht.
Die Mutter eilt herbei und die Milch fließt,
wenn das Kind schreit.

*

Was ich benötige
für einen alle Ketten und Mauern
niederschmetternden Schrei?
Sehnsucht, so tief wie das Meer,
so mächtig, wie Donner und Blitz,
so weit wie das All.

*

Eine Handvoll

*

Nur eine Handvoll in der Geschichte der Menschheit
erkannte und befreite sich aus den Ketten ihrer eigenen Natur.
Nur eine Handvoll wurde zu Göttern ihrer selbst,
zu Herrschern ihrer Welt.
Sie befreiten sich aus der Knechtschaft.
Sie zeigten den Weg zur Befreiung.
Sie wurden zur vollkommenen Güte,
zur höchsten Liebe,
sie wurden zur Selbstlosigkeit,
zur Wunschlosigkeit,
eins mit allem, was ist,
unsterblich.
Die Quelle ihrer Glückseligkeit fanden sie in sich selbst,
Im Geben, in der Liebe und im Dienst
an der Evolution des Menschen.

*

Fließen

*

Das Göttliche möchte in dich einströmen,
durch dich hindurchfließen,
so wie die strahlende, warme Sonne der Liebe
dein Herz und deinen ganzen Körper durchströmt und erfüllt.
Das Göttliche möchte in dich einströmen,
durch dich hindurch fließen, gerade so, wie das Licht des Bewusstseins
das dunkle Denken durchtränkt mit Heiligkeit.
Das Göttliche möchte in dich einströmen,
durch dich hindurchfließen,
dich ganz einhüllen in seinen Palast höchster Seligkeit und Wonne.
Es möchte sich selbst in dir entdecken.
Es möchte sich in Dir niederlassen und dich erfüllen,
mit dem Licht der Liebe und Einheit,
mit dem Frieden, dem Vertrauen
und der Geborgenheit des ewigen Daseins.
Sei die sich gebende Liebe selbst.

*

Sehnsucht

*

So süß wie die Liebe,
so süß ist auch die Sehnsucht.

*

Jede Leere,
jede Sehnsucht
ist Gott selbst,
der nach sich selbst verlangt.

*

Strebsamkeit, Sehnsucht, der Ruf des Herzens erwacht,
wenn sich mir meine eigene Torheit offenbart
und ich sie abzulegen wünsche.

*

Mein Hunger nach Dir,
oh süße Göttlichkeit,
hält mich lebendig.
Die Sehnsucht meines Herzens
vergießt süße Tränen.

*

Probleme

*

Du selbst
bist die über alles herrschende Kraft.

*

Die Probleme und Schwierigkeiten
lösen den Hunger nach Antworten aus.
Sie entzünden das Feuer der Strebsamkeit;
diese Sehnsucht ist nötig für die Veränderung.
Ohne den Wunsch nach einer Antwort
würde ich sie nicht suchen oder wäre taub.

*

Es sind niemals Probleme, es sind immer nur Rätsel.
Jede Schwierigkeit offenbart nur eine Frage,
auf die es auch eine Antwort gibt.

*

Du hast mit jemandem Probleme?
Setze ihn einfach jeden Tag in dein weites und ewig liebendes Herz.
Liebe ist mächtiger als der größte Hass.

*

*

Erst, wenn wir am Abgrund stehen, wachsen uns Flügel.
Erst, wenn wir verzweifeln, rufen wir um Hilfe.
Erst, wenn wir unser Kranksein erkennen,
suchen wir nach Heilung.

Versuche nicht, einem Esel Engelsflügel anzubringen,
noch einem deine Medizin einzuflößen,
der nicht nach ihr gerufen hat.
Lass das Kind erwachsen werden,
bevor du ihm zeigst, wie man Auto fährt,
andernfalls verursachst du große Probleme.
Nur ein Narr würde einer Biene ein Stück Fleisch vorsetzen.
Nur ein Verrückter würde einem Löwen Heu zu fressen geben.
Gib jedem, was er verwerten kann, nicht mehr, nicht weniger.

*

Prüfe deine Absichten;
danach wirst du den Grund deiner Probleme kennen.

*

Stell dir Probleme vor und du wirst sie haben.
Stell dir die Lösung vor und du hast die Lösung.

*

Du

*

Gott ist ein Tyrann: schreit jemand.
Ein anderer ruft laut lachend zurück:
Du selbst bist Gott,
du bist dein eigener Tyrann und dein eigener Erlöser.

*

Gott ist dein eigenes Bewusstsein,
das einschreitet, wenn du dich selbst quälst.

*

Freiheit

*

Ich bin ewig dankbar für meine Torheiten,
die sich offenbart haben.
Und ich bin zutiefst bekümmert über all jene, die noch verborgen sind
und mich behindern oder binden.

*

Sobald ich meine Niedrigkeit verspüre,
erhebe ich mich darüber.
Ich sehe die Grenze und gehe darüber hinaus.

*

Wir haben alle Angst vor Ablehnung und
rennen der Anerkennung hinterher.
Unsere Freiheit jedoch ist jenseits dieser beiden Wächter.

*

Hast du einmal das Gewand der Freiheit getragen,
wirst du immer, wenn du dich in der Zelle wiederfindest,
ausbrechen können mit Hilfe deines göttlichen Helfers.

*

*

Der Käfig

Der Käfig steht offen,
warum willst du nicht ins Freie?
Im Käfig ist das Leben einsam, kalt und dunkel
und es gibt immer das gleiche Futter.
Flieg hinaus!
Draußen scheint die Sonne
und die Vögel ziehen große Kreise der Freiheit
durch das Blau des Himmels.
Flieg zu ihnen, du bist frei!
Flieg zur Farbe des Himmels,
zur Wärme der Sonne! Sicherheit ist die Kleidung
des Lichts; hülle dich ganz darin ein,
und du wirst das Licht -
ja, selbst die Sonne wirst du sein!
Der Käfig steht offen, flieg hinaus.
Draußen wärmt die Sonne das Kleid der Federn
und der Wind trägt dich bis in den Siebenten Himmel.
Wage es, ergreife den Mut, und lass dich ins Leben fallen.
Im Käfig kannst du die Flügel bewegen,
doch die Freiheit des Fliegens zu fühlen, ist dort unmöglich.
Komm nur, komm heraus, komm heraus aus dir selbst.
Der Käfig steht offen, stürze dich ins Leben ohne Vorsicht,
lass dich fallen in das Meer aus Licht.

Wie oft muss der Käfig noch in den Staub zu Boden fallen,
ehe du ihn verlässt? Du bist frei, die Tür steht offen, flieg hinaus.
Jene Stätte, die du ersehnst, ist außerhalb allgegenwärtig,
die Stäbe deines Käfigs verdecken dir die wahre Sicht.
Flieg hinaus und sieh den Käfig von außen,
Tränen des Glücks wirst du vergießen
und Lachen über die zahlreichen
Schatten die dich umgaben.
Erhebe dich aus dem Staub,
erblicke das Blau des Himmels,
spüre der Sonnenstrahlen Wärme und Licht!
Erhebe dich aus des Lebens-Flammenmeer und werde frei!
Zerbrich diese Welt der Grenzen, wie ein Kücken das Ei.
Verlasse den Käfig!

JETZT
Du – bist - frei!

*

Nichts

Ich bitte dich um nichts,
ich bitte dich um nichts,
nur dies erfülle meinem kalten schwarzen Herzen:
Mach mich zur strahlenden Sonne deiner Güte,
führe mich in die Gefilde der Heiligkeit.
Nimm mir all meine Masken und Kleider,
auf dass ich nackt, unbekümmert
und selig glücklich bin wie die Kinder.
Mach mich zur Reinheit deiner Absichten,
mach mich zur Klarheit deines Geistes,
mach mich zur strahlenden Sonne deiner Güte,
mach mich zur strahlenden Sonne deiner Güte!

Im Singsang

Ein strahlend goldener Vogel sitzt auf dem Haupt meines Käfigs
und flüstert im Singsang folgende Worte:
Erlange die Größe eines Löwen und der Käfig wird zerbrechen
wie trockenes Stroh.
Werde zum Feuer der Sonne und der Käfig wird zerfließen,
wie Eis in der Wüste.
Erlange die Form des Wassers und jede noch so kleine Öffnung
wird dir zur Freiheit verhelfen.
Werde zum weiten Himmel,
wer oder was,
könnte dich binden noch fassen?

Geliebter

*

Oh, Geliebter,
schenke mir ein Herz
so weit und grenzenlos wie das All.
Oh, Geliebter, schenke mir einen Verstand voller Stille wie die tiefe See.
Oh Geliebter, schenke mir ein von Güte erfülltes Leben.

*

Oh, Geliebter, mache mein Herz durstig nach Dir,
durstig nach Vollkommenheit.

*

Mach mein Herz so schwarz und leer wie das allumfassende All,
auf dass ich die Trilliarden Sonnen fassen kann, die du erstrahlen lässt.

*

Oh, Geliebter,
gib mir zweierlei:
Das Brot, das die innere Göttlichkeit nährt
und das Gift, das aller Torheit ein Ende setzt.

*

*

Oh, Geliebter, Geliebter, Geliebter,
mach mich zu hunderttausend strahlenden Sonnen.
Führe mein Herz in die höchsten Räume der Heiligkeit,
auf dass ich Dir und Deinen Geschöpfen
ein Fünklein dienlicher bin als heute.

*

Jeden Tag;
jede Stunde;
erinnere ich mich daran:
mein Lehrer allgegenwärtig,
mein Freund und Geliebter allgegenwärtig,
der Liebende allgegenwärtig,
der Großzügige allgegenwärtig,
die Güte allgegenwärtig,
das Göttliche allgegenwärtig.

*

Einst flüsterte mir der Geliebte vom Inneren ins Ohr:
Ich sage dir mein Kind: Meine Liebe zu dir ist ewig
und meine Güte ein Gesetz.

*

Der Weg

Der Weg besteht aus der Enthüllung des Bösen in mir
und dessen Korrektur.
Der Weg besteht aus der Enthüllung des Unwahren in mir
und dessen Korrektur.
Der Weg besteht aus der Enthüllung des irrigen Glaubens in mir
und dessen Korrektur.
Der Weg besteht aus der Enthüllung irriger Absichten
und deren Korrektur.
Der Weg besteht aus der Enthüllung irriger Gedanken
und deren Korrektur.

*

Grenzen

Ich stehe früh am Morgen auf,
gehe hinaus in die Welt
und suche meine täglich neuen
Gottverwirklichungs-Prüfungen.
Ich suche täglich neue Gelegenheiten,
um über meine Grenzen hinauszugehen.
Ich bin frei, voller Kraft, Mut und Tatendrang.
Meine Löwenseele brüllt: Ich bin bereit!

*

Wahrheit

*

Es gibt eine Sache, die, wenn man sie will, süß
und wenn man sie nicht will, bitter schmeckt,
die Wahrheit.

*

Es gibt Wahrheiten,
die des rechten Augenblicks bedürfen,
um gehört werden zu können.

*

Der kleine Geist, kann die großen Wahrheiten nicht erfassen,
bis das Herz sich auftut und ihre große Tiefe erfährt.

*

Die Wahrheit offenbart sich, in der Stille des Denkens.

*

Wissen bedeutet: Zu hören wie ein Apfel schmeckt.
Erkenntnis bedeutet: Ihn selbst zu schmecken.

*

*

Bevor du eine Ansicht als falsch verwirfst,
überlege, was sich Wahres in ihr verbirgt.

*

Zeige mir eine Wahrheit, deren Gegenteil nicht auch wahr ist.

*

Wer sehr schlau ist, kann nichts lernen,
denn er weiß ja alles selbst am besten.

*

Der Baum

So wie der Baum im Herbst, seine Blätter von sich wirft und seine frühere
Form und Kleidung verliert, so werdet auch ihr euch von etwas freimachen,
um zu wachsen. Der Baum scheint im Winter, wenn alles von ihm abfällt,
zu sterben und doch ist er voller Kraft, die gesammelt in ihm ruht,
um bald größer und stärker als je zuvor, im Licht der Sonne zu stehen.
Er wird blühen, Früchte tragen und alle verschenken.

*

Leere

Das unangenehme Gefühl, die Leere, die Trauer,
die Niedergeschlagenheit - all das ist der verhüllte Wunsch nach Licht,
nach einem höheren Bewusstsein - nach einer neuen, umfassenderen
Wahrnehmung der Wirklichkeit, nach einer neuen Form des Seins,
nach einer weiter entwickelteren Stufe. Es ist die Vorbereitung für das Ru-
fen der Seele, welches das Herz entflammt und den Körper erleuchtet.
Es ist der Ruf nach einer höheren Kraft. Es ist der Ruf nach Veränderung.

*

Dämonen und Engel

Die finstersten Dämonen, die du mir schickst, oh, Geliebter,
verwandle ich mit nur einem Blick in kleine nackte Engel.
In der finstersten Nacht erwecke ich mit nur einem Schrei die Morgenröte.
Oh, Geliebter, du mögest mich für übermütig halten,
doch die Stärke, die aus mir spricht,
ist keine geringere als Deine.

*

Angst

*

Die Angst und Sorge gilt immer der Zukunft.

*

Was brauchen wir um mutig zu sein? Angst.
Denn mutig zu sein heißt: trotz der Angst zu handeln.
Angst ist also etwas Gutes; sie schenkt mir die Möglichkeit,
über mich selbst hinaus zu wachsen.
Angst gibt mir die goldene Gelegenheit, heldenhaft mutig zu sein.
Ich liebe es mutig zu sein, darum bin ich mutig, darum bin ich frei.

*

Anstatt Angst vor einem ungewollten Ergebnis zu haben,
stell dir lieber das gewollte Ergebnis vor und handle dafür.

*

*

Erinnere dich

Erinnere dich,
das, was du suchst, ist in dir!
Frieden ist in dir.
Güte ist in dir.
Vertrauen ist in dir.
Liebe ist in dir.
Bewusstsein ist in dir.
Klarheit ist in dir.
Schönheit ist in dir.
Alles, was du suchst, ist in dir.
Die Freude des Da-Seins ist in dir.
Die Quelle der Freude ist ebenfalls in dir.
Tränenreiche Dankbarkeit ist in dir.
Das Göttliche ist in dir.
Nichts fehlt, nichts fehlt,
nichts hat je gefehlt
und nichts wird je fehlen.
Alles, was du suchst, ist in dir:
So, wie dein schlagendes Herz
und dein lebendiger Atem.

*

Im Menschen

Ist da Güte in jedem Menschen?
Ja!
Und ist da Liebe in jedem Menschen?
Ja!
Und ist da Frieden in jedem Menschen?
Ja!
Und ist da etwas Göttliches in jedem Menschen?
Ja!
Und ist da Vertrauen in jedem Menschen?
Ja!
Und ist da Dankbarkeit in jedermanns Herz?
Ja! Ja! Ja!

Hochmut

Der Hochmut versucht, andere zu erniedrigen,
um sich selbst zu erhöhen.
Die Folge davon ist, der Hochmütige wird erniedrigt.
Die Demut erhöht alle anderen.
Die Folge davon ist, der Demütige wird erhöht.

*

Komm, komm erwecke mich zum Leben,
oh, mein liebreiches Herz voller Demut.
Zerstörerischer Hochmut steht mir bereits bis zum Hals
und meine Füße versinken bereits im Schlamm.

*

Die Heiligen

*

Ich kenne die Heiligen,
sie sitzen auf meiner Schulter.
Sie flüstern mir göttliche Weisheiten ins Ohr.

*

Mein Körper - regiert von heiligen Absichten,
meine Seele ist reines Licht.
Mein Herz ist durchtränkt vom Wein der Liebe,
mein Kopf trägt die Krone des Königs,
meine Haut den Glanz der Sterne.
Gemacht und geboren ward ich aus Feuer, Blut und Staub.
Verheiratet mit des Teufels Braut und dem Heiligen Volke.

*

Wachgeküsst hat mich der Heilige Geist.
Umarmt die göttliche Gnade.
Liebkost hat mich die höchste Seligkeit.
Alle Dämonen dienen mir.
Jede neue Hölle: Ein Tor zum Himmel.
Es gibt niemanden außer Ihn.
Er ist der Erste und er ist der Letzte.
Er ist der einzig Handelnde.

*

Talent & Potential

*

Du hast ein Talent für etwas, die Frage ist nur:
Kennst du dein Talent und setzt du es ein?

*

Was nicht ist, kann ja noch werden.
Selbst in einem kleinen unscheinbaren Apfelkern
verbirgt sich das Potenzial eines großen, mit Äpfeln beladenen Baumes.
Selbst in ein paar kleinen Samen verbirgt sich ein mächtiger Wald.
Selbst der König war einst nur ein Kind.

*

Zweifel

*

Ein Zweifel besteht aus zwei Fällen,
suche dir einen aus und glaube daran.

*

Wenn der Zweifel in dich einzutreten versucht,
bezweifle ihn.

*

Die Zweifel sind gut.
Sie zeigen dir, welchen Gedanken oder Glauben des Unterbewusstseins
du umprogrammieren kannst. Wenn du weißt, woran du zweifelst,
weißt du auch woran du glaubst bzw. nicht glaubst.

*

Die Rüstung

Ich trage eine Rüstung;
unzerstörbar;
doch leicht wie ein Gewand aus Federn;
geflochten aus den Worten der Heiligen.

Ich trage ein Schwert aus reinem Licht;
gegossen aus dem Feuer Tausender Sterne.

Ich trage ein Schild,
geschmiedet aus dem Silberstein des Mondes;
klar und rein wie ein Spiegel.

Ich trage eine Krone;
verliehen von der Sonne und ihrem Licht.

Ich trage ein gütiges Lächeln im Gesicht
und die Quelle der Liebe im Heiligen Gral meines Herzens.

In mir brennt das Seelen-Feuer der Götter,
weder Trauer, Angst, Zorn, noch Zweifel halten meinem Feuer stand.
Es verzehrt jedes Dunkel,
das mich an die Niedrigkeit und Schwäche zu binden versucht.
Ich bin reines, alles überwältigendes Feuer.
Ich bin reines, alles überwältigendes Feuer.
Ich bin reines, alles überwältigendes Feuer.
Ich bin die konzentrierte Kraft der Seele.

*

Du

Du bist die strahlende in der Nacht aufgehende Sonne.
Du bist die Wunschlosigkeit und bedingungslose Liebe meines Herzens.
Du bist der erfüllende Atem des Daseins.
Du bist die Selbstlosigkeit meiner Absichten.
Du bist meine höchste Ruhe und Sicherheit.
Du bist der Himmel meines Herzens und dessen strahlender Mond.
Du bist die Güte meines Wesens und die Stille meines Denkens.
Du bist die über sich selbst hinauswachsende Evolution.
Du bist der Herr in meinem Innern.
Du bist der Herr meiner Kräfte.
Du bist der Herr meines Schicksals.
Du bist der Herr meines Denkens.
Du bist der Herr meiner Selbst.
Du bist der Herr meines Herzens.
Du bist der Herr meiner Wirklichkeit.

Dankbarkeit

*

Wo ich auch bin, was auch immer ich tue,
jeden Tag bin ich erfüllt von tiefem Frieden und süßer Liebe.
Güte ist mein Schild und Dankbarkeit mein Speer.

*

Wir sind umgeben von Millionen und Abermillionen von Sonnen -
eine größer als die andere.
Wir leben in einer Galaxie bestehend aus Millionen und Abermillionen von
Planeten. Unsere Galaxie ist ebenfalls umgeben von Millionen
und Abermillionen weiteren Galaxien - eine größer als die anderen.
Und ich leben inmitten dieser unermesslichen, unvorstellbaren Weiten des
Alls, auf diesem klitzekleinen Staubkorn, das wir Erde nennen, mit all den
Geschöpfen dieser Welt. Das ist ein Wunder. Ich Lebe auf einem Wunder.
Ich bin das Wunder.
Ich lebe - ich atme – was für ein Geschenk – was für ein Wunder,
inmitten dieses gigantischen Kosmos.

*

Jeden Morgen danke ich dem Leben,
nicht nur für die tausend Wunder und Geschenke meines Lebens,
sondern vor allem für die Möglichkeiten,
das Leben der anderen zu bereichern.

*

*

Wenn Probleme und Schwierigkeiten mich umringen wie große Monster,
schließe ich meine Augen und spreche mit glühendem Herzen
in Gedanken wieder und wieder:

„Danke für die Lösung die kommt.
Danke für die Antwort.
Danke, dass sich alles so positiv-harmonisch fügt.
Danke für alle Antworten und Lösungen.
Danke - Danke - Danke."

*

Gebet

*

Die Sehnsucht kann man auch als Gebet bezeichnen, als Bitte.
Wir bitten um eine höhere Kraft und die Fähigkeiten etwas zu tun,
das wir selbst nicht können. Wir bitten, weil wir verzweifelt an unseren
eigenen Fähigkeiten sind, so, wie das Kind die Mutter um Hilfe ruft
oder der Kranke den Arzt.

*

Gebet bedeutet, ich bestelle eine Korrektur.
Ich bestelle mein neues Ich.
Und um eine Korrektur kann ich nur bitten und rufen,
wenn ich mich selbst erkannt habe und weiß,
was es in mir zu verändern bedarf,
wo ich sein möchte, mit meinem Bewusstsein,
meinem Glauben, mit meinen Gedanken.

*

Ein Gebet ist ein Befehl an das Unterbewusstsein.
Ein Gebet ist das aufsteigende Feuer der Seele.

*

Lebendig

*

Ich fühle mich lebendig,
weil die Liebe mein Herz und der Atem des Lebens meine Brust erfüllt.
Ich fühle mich lebendig,
weil die warme Sonne mein Gesicht küsst
und das kalte Wasser meine Haut.
Ich fühle mich lebendig,
weil der Regen mich mit jedem Tropfen segnet
und der Wind mich mit jedem Hauch liebkost.

*

Ego

*

Sogar die Reichsten und Mächtigsten dieser Welt,
sind Sklaven ihrer eigenen Egozentrik.
Nur wenige sind befreit.

*

Es geht darum, das Ego zu enthüllen und dann darüber hinaus zu gehen.
Es geht darum, das Ego zu ertappen und dann das Gegenteil zu tun.

*

Solange wir die Torheiten der Menschen sehen
und uns daran stören, sehen wir uns selbst nicht.

*

Härte scheint stark, doch ist sie auch enorm zerbrechlich.
Das weiche Wasser, das alle Formen kennt, scheint schwach,
doch wer oder was könnte es zerbrechen?
So besiegt der kleine David den übermächtigen Goliath.
So besiegt Moses den Pharao.
So erleuchtet ein winziges Licht einen Raum voller Dunkelheit.
So besiegen die Liebe und Güte, jeden Hass.

*

Sei

*

Sei weit wie der Himmel,
sei voller Tiefe wie das Meer,
meide alle Enge und jedes Dogma,
sei strahlend wie die Sonne,
sei voller Freude und Glück wie ein junger Hund,
sei voller Liebe wie die Mutter zu ihrem Kind,
sei voller Kraft und Sanftmut wie ein Elefant,
sei wie die Ente, alles perlt von ihr ab,
sei voller Würde wie ein Löwe,
sei wie ein Kind voll Neugier,
sei wie eine Goldmine, all die kostbaren Schätze im Innern wissend,
sei wie ein Baum, alle Früchte verschenkend,
sei wie der Atem, immer im Hier und Jetzt,
sei ein Held, mutig wie Rostam, Moses und David.

*

Die höhere Instanz

*

Zieh immer eine höhere Instanz zu Rate, das Göttliche,
dein Vorbild, dein höheres Selbst.
Frage dich immer:

Was würde die Güte tun?
Was würde der Selbstlose tun?
Was würde der Weiseste der Weisen tun?
Was würde Er sagen?
Was würde Er denken?
Was wäre seine Absicht,
was sein Ziel?

*

Mache es dir zur Gewohnheit,
übe und übe,
immer und immer wieder,
den Weisungen deines höheren Ichs zu folgen
statt denen des niederen.

*

*

Der Mensch würde nicht zu einem höheren Bewusstsein streben,
wenn er nicht enttäuscht wäre von seinem momentanen.
So ist selbst Enttäuschung etwas Gutes.

*

Der Höhere, ist immer vor uns verborgen,
bis zum Augenblick der Offenbarung unserer Niedrigkeit.
Die neue Stufe, die es zu verwirklichen gilt,
ist solange verborgen,
bis ich meine gegenwärtige Stufe als unvollkommen erkenne.

*

Disziplin

*

Ich liebe die Disziplin.
Ich liebe die Konzentration.
Ich liebe die Meditation.
Ich liebe die Visualisierung.
Ich liebe die Affirmation.
Warum?
Weil das die Werkzeuge sind,
die mir helfen, ein vollkommen neues
und erfüllteres Leben zu erschaffen.

*

Arbeite nicht länger an deiner Zerstörung,
arbeite daran, dein wunderschönes Herz zum Blühen zu bringen
und deinen Verstand dir zum Diener zu machen.

*

Disziplin ist mein Schlüssel zur Freiheit.

*

Die Sonne

*

Die Sonne interessiert es nicht,
wer und ob überhaupt jemand ihr Licht schätzt oder empfängt.
Sie leuchtet und strahlt bedingungslos auf alles und jeden.
Die Sonne liebt es zu strahlen, denn das ist ihre Natur.
Wenn wir wollen, können wir sein wie sie.

*

Entflamme dein Herz.
Entzünde die Herzen der Menschen.
Alle Augen werden leuchten wie die Sonne.

*

Nur ein Narr fürchtet das Licht,
das ihm die Ketten zeigt,
die ihn quälen und fesseln.

*

*

Nur die Fledermaus, die im Dunkeln zu verbleiben wünscht,
scheut das Licht.
Sei keine Fledermaus, wenn das Licht der Erkenntnis zu dämmern
wünscht. Sei ein Hahn, der nur darauf wartet, den Aufgang der Sonne zu
verkünden. Selbsterkenntnis ist Gott-Erkenntnis. Sich selbst zu erkennen,
heißt, seinen Herrn zu erkennen. Erkenne, was dich dominiert, welcher
Gedanke, welche Absicht, welche Gewohnheit, welcher Wunsch, welcher
Glaube, welche Meinung, welches Gefühl.

*

In jedem von euch

*

Ich bin in jedem von euch
der Atem des Lebens.
Ich bin in jedem von euch
überfließende Liebe.
Ich bin in jedem von euch
die sich verneigende Dankbarkeit.
Ich bin in jedem von euch
die glühende Seele.
Ich bin in jedem von euch
das nach Veränderung strebende Feuer.
Ich bin in jedem von euch
der Frieden der Einheit,
die Freude des Daseins.

*

Gehe nicht fort

*

Frieden, oh, Frieden, geh nicht wieder fort,
bleib du ewiglich mir im Herzen.
Güte, oh, Güte, geh nicht wieder fort,
bleib du ewiglich mir im Herzen.
Liebe, oh, Liebe, geh nicht wieder fort,
bleib du ewiglich mir im Herzen.
Demut, oh, Demut, geh nicht wieder fort,
bleib du ewiglich mir im Herzen.
Dankbarkeit, oh, Dankbarkeit, geh nicht wieder fort,
bleib du ewiglich mir im Herzen.
Sehnsucht, oh, Sehnsucht, geh nicht wieder fort,
bleib du ewiglich mir im Herzen.

*

Gotteshaus

*

Ich erkannte Gottes Nähe, als er mich verließ.
Und er kehrte zurück, als ich aus mir selbst heraus trat.
Wenn du das Haus erkennen möchtest,
in dem du dich befindest,
geh hinaus.

*

Das Spiel

*

Einst spielte ich das Spiel der Unwissenheit,
das Spiel der Wünsche,
das Spiel der Macht,
das Spiel der Hoffnung,
das Spiel der Vergangenheit und Zukunft,
das Spiel des Ichs.
Jetzt spiele ich das Spiel der Vollkommenheit,
Das Spiel der Genügsamkeit,
das Spiel der höchsten Liebe,
das Spiel der Erfüllung,
das Spiel der Selbstlosigkeit,
das Spiel des Gebens,
das Spiel der Dankbarkeit,
das Spiel der Vision,
das Spiel der Verwirklichung,
das Spiel der höchsten Seligkeit,
Das Spiel des Absoluten,
Das Spiel der Götter,
Das Spiel des ewigen Jetzt.

*

Morgen

*

Ich werde jeden Tag auskosten in Frieden,
Liebe und Dankbarkeit.
Es gibt keine Garantie für ein Morgen.
Darum bin ich hier und heute glücklich.

*

Was morgen sein wird?
Ich weiß es nicht.
Sei hier und jetzt glücklich,
du bist am Leben.
Sei hier und jetzt erfüllt,
dein Herz schlägt,
du atmest.

*

*

Erleuchte dich selbst,
sei dein eigenes Licht,
sei deine höchste Wonne,
sei deine größte Erlösung,
sei die alles erfüllende Liebe.

Die Zeit läuft, Lebenszeit verstreicht,
ticktack, ticktack, ticktack.
Das ist keine Übung für das richtige Leben,
Morgen kann schon alles vorbei sein.
Lebe Jetzt! Liebe Jetzt! Vergib Jetzt!
Atme tief diesen süßen Lebensatem: Jetzt!
Verschenke die süßen Früchte deines Herzens: Jetzt!
Hier und Jetzt bist du glücklich.
Hier und jetzt bist du erfüllt.
Hier und jetzt vergießen deine Augen
liebliche Tränen der Dankbarkeit.
Hier und jetzt bist du am Leben.

*

Stufen

*

*Es gibt nichts, das ohne Widerstand wachsen könnte.
Der Samen muss den Widerstand der Schale durchbrechen,
das Küken das Ei. Der Wind macht die nach oben strebende Pflanze
stabiler. Der Muskel wächst durch den Widerstand der Gewichte.
Ich benutze dankbar den Widerstand und die Schwere, um stärker zu werden, um Stufe für Stufe voranzuschreiten. Gib mir ein Hindernis,
um zu wachsen - ich bin vorbereitet.*

*

*Je fortgeschrittener wir sind, um so mehr nehmen wir die Bedürfnisse
der anderen wahr. Wir fühlen die anderen, was sie sich wünschen,
wie es ihnen geht, in welchem Zustand sie gerade sind. Wir wissen,
wie wir sie erheben können, was jetzt gerade hilfreich ist, was wir geben
können. Je gröber und unbewusster wir sind, um so weniger bemerken wir.
Feinfühligkeit, Klarheit, Wachheit, Achtsamkeit, Güte, Demut, Liebe, Frieden, Vertrauen, Hingabe, die Fähigkeit zu vergeben, Selbstsicherheit
und Mitgefühl kennzeichnen die höheren Stufen.*

*

*

Stufe für Stufe,
Liebe die Welt und all ihre Geschöpfe.
Umarme nicht den Tiger und
binde deinen Esel an die Hand Gottes.

*

Die Stufe wirklicher Freiheit ist dadurch gekennzeichnet,
dass das Göttliche im Menschen das Tierische im Menschen regiert.
Das Höhere regiert das Niedere.
Das Bewusstsein regiert das Unterbewusstsein.

*

Die Mutter

*

Da ist eine Kraft der Güte, der Liebe und Hilfe,
immer und allgegenwärtig.
Eine Gute und Gutes tuende Kraft, dem Guten und dem Bösen gegenüber.
Eine Kraft, eine Liebe, eine Güte, die man nicht vergessen darf.
Sie ist wie eine Mutter, die möchte, dass du immer an sie denkst -
an Ihre Wärme, Ihre Liebe, Ihre Hilfe, Ihre Güte und Weisheit.
Habe Vertrauen und lege deine Seele und dein Leben in Ihre Hand.
Höre auf Ihre Worte und lausche Ihren Weisungen, alles ist gut.

*

Was uns zutiefst beglückt ist die warme, herzliche,
liebevolle Verbindung zwischen uns Menschen.
Was uns zutiefst beglückt, ist, andere -
wie eine Mutter ihr geliebtes Kind, zu erfüllen.
Was uns zutiefst beglückt, ist, die Güte und Liebe,
die da ist, zu verschenken.
Diese liebevolle Verbindung zwischen uns birgt Sicherheit,
Wonne, Glück und Freude.

*

Das Paradies

*

Du trägst in dir ein Paradies.
Du trägst in dir die Quelle der Seligkeit.
Es ist deine Vorstellungskraft, die Gefühle erblühen lässt
und Träume wahr macht.
Du trägst in dir ein Paradies.
Du trägst in dir die Quelle der Seligkeit.
Es ist deine Dankbarkeit, es ist deine Segens-Kraft,
es ist der weite Frieden und die Güte deines Herzens.
Es ist die Liebe, die du in jedes Herz legst.

*

Wo du auch sein magst, wohin auch immer du gehst,
Liebe ist allgegenwärtig.
Sie strahlt trotz aller Wolken wie die warme Sonne am Himmel,
im Tempel deines Herzens.
Ob Tag oder Nacht, sie atmet in dir das Licht des Lebens ein und aus.
Tief wie das Meer und weit wie der Himmel alles umfassend,
alles ergreifend, alles bezwingend.
Liebe ist das letzte Wort dieses Buches.

Liebe

*

Inhaltsverzeichnis

▲

▲